Thomas Kalkus-Promitzer

Die Kunst, erfolgreich und authentisch zu präsentieren.

Akademie Kalkus - kompakt, Band 1

Impressum

© 2025 Thomas Kalkus-Promitzer - www.meintom.at
Covergestaltung: DI Konrad Promitzer - www.kpdesign.at

Bibliografische Information der Deutschen Nationalbibliothek: Die Deutsche Nationalbibliothek verzeichnet diese Publikation in der Deutschen Nationalbibliografie; detaillierte bibliografische Daten sind im Internet über http://dnb.dnb.de abrufbar.

Verlag: BoD · Books on Demand GmbH, Überseering 33, 22297 Hamburg, bod@bod.de

Druck: Libri Plureos GmbH, Friedensallee 273, 22763 Hamburg

ISBN: 978-3-8423-5538-5

Inhaltsverzeichnis

I

Warum gute Präsentationen heute wichtiger denn je sind

Stell dir vor, du betrittst einen Raum. Vor dir sitzen Menschen, die auf deine Worte warten. Einige schauen neugierig, andere wirken skeptisch. Manche sind voller Erwartungen, andere noch abwesend mit ihren Gedanken. Du atmest tief ein. Noch herrscht Stille. Und dann beginnst du zu sprechen.

In diesem Moment geschieht etwas Entscheidendes. Du präsentierst nicht einfach Inhalte. Du präsentierst dich selbst. Du bist nicht nur eine Person mit einem Thema. Du bist der Mensch, dem die Anwesenden zuhören. Und du hast die Möglichkeit, ihre Aufmerksamkeit zu gewinnen. Oder sie zu verlieren.

Gute Präsentationen waren schon immer wichtig. Doch heute sind sie unverzichtbar. In einer Welt, in der Wissen jederzeit abrufbar ist, zählen nicht mehr allein Fakten. Es geht darum, wie du diese Fakten vermittelst. Es geht um Relevanz. Um Glaubwürdigkeit. Um Wirkung. Es geht darum, ob Menschen dir folgen, ob sie dir vertrauen und ob sie am Ende das Gefühl haben, dass ihre Zeit gut investiert war.

Wir leben in einer Gesellschaft, die täglich mit Informationen überflutet wird. Menschen lesen, hören, sehen und klicken. Doch sie merken sich nur, was sie berührt. Was sie überrascht. Was sie einlädt, anders zu denken. Genau das ist die Kunst guter Präsentation: Du öffnest Räume, du schaffst Verbindung, du hinterlässt Spuren. Und das gelingt dir nicht durch technische Perfektion, sondern durch Präsenz, durch Klarheit, durch Authentizität.

In vielen beruflichen Kontexten ist Präsentieren längst ein fester Bestandteil des Alltags. Vielleicht leitest du Teamsitzungen. Vielleicht hältst du Schulungen. Vielleicht pitchst du vor potenziellen Kundinnen und Kunden. Vielleicht präsentierst du Projekte in einem Gremium. Ganz gleich, in welchem Umfeld du tätig bist, du wirst immer wieder vor der Aufgabe stehen, andere für deine Inhalte zu gewinnen.

Doch nicht nur beruflich, auch im privaten Bereich begegnet uns das Präsentieren: in der Vereinsversammlung, im Elternabend, bei einem Vortrag in der Gemeinde oder bei einem besonderen Anlass im Freundeskreis. Überall dort, wo du deine Stimme erhebst, wo du deine Sicht teilst, wo du einen Gedanken in die Welt bringst, präsentierst du. Und je klarer und überzeugender du dabei wirkst, desto eher wirst du gehört.

Aber: Präsentieren ist keine angeborene Gabe. Niemand kommt als charismatischer Redner zur Welt. Präsentieren ist eine Fähigkeit, die du entwickeln kannst. Eine Kompetenz, die wächst, wenn du dich damit beschäftigst. Und eine Kunst, die dann gelingt, wenn du dir selbst und deinem Publikum mit Wertschätzung begegnest.

Genau darum geht es in diesem Buch. Du hältst kein starres Regelwerk in der Hand, sondern einen praxiserprobten Begleiter. Du findest hier keine Theorien ohne

Bezug, sondern eine Fülle an konkreten Impulsen, die du sofort anwenden kannst. Du wirst eingeladen, deine eigene Art zu entdecken. Deine eigene Sprache. Deinen eigenen Ausdruck.

Gemeinsam werfen wir einen Blick auf die wichtigsten Fragen rund ums Präsentieren. Du lernst, wie du dein Publikum besser verstehst. Du erfährst, wie du eine echte Beziehung aufbaust, nicht oberflächlich, sondern tragfähig. Du bekommst Werkzeuge an die Hand, mit denen du deine Inhalte klar strukturieren und lebendig vermitteln kannst. Und du wirst ermutigt, deinem inneren Kompass zu vertrauen, statt dich an starren Mustern zu orientieren.

Denn Präsentieren ist weit mehr als das Abspulen von Folien. Es ist Kommunikation auf Augenhöhe. Es ist Begegnung. Es ist Führung. Und manchmal ist es sogar ein kleiner Moment von Magie, wenn plötzlich Stille im Raum herrscht, weil alle gebannt an deinen Lippen hängen.

Du brauchst dafür keine besondere Stimme. Du brauchst auch keine spektakuläre Bühnenausstattung. Was du brauchst, ist die Bereitschaft, dich einzulassen. Auf dein Thema, auf dein Publikum und auf dich selbst. Es geht nicht darum, jemand anderes zu werden. Es geht darum, mit dem, was du bereits bist, Wirkung zu entfalten.

Dieses Buch begleitet dich Schritt für Schritt auf diesem Weg. Du wirst an deiner Haltung arbeiten, an deiner Sprache, an deinem Auftreten. Du wirst lernen, wie du Nervosität in Energie verwandelst. Wie du Menschen aktiv einbeziehst. Wie du mit schwierigen Situationen souverän umgehst. Und wie du am Ende nicht nur Informationen vermittelst, sondern bleibende Eindrücke hinterlässt.

Vielleicht hast du schon einige Präsentationen gehalten und möchtest nun deine Wirkung verfeinern. Vielleicht stehst du noch ganz am Anfang und fragst dich, wie du überhaupt loslegen sollst. Ganz gleich, wo du stehst: dieses Buch ist für dich. Es ist für Menschen, die mehr wollen als Mittelmaß. Für Menschen, die das, was sie sagen, mit Herz und Verstand sagen wollen. Und für Menschen, die bereit sind, sich auf ihre Zuhörenden wirklich einzulassen.

Denn genau das macht den Unterschied. Erfolgreich präsentierst du nicht dann, wenn du alles perfekt machst. Erfolgreich präsentierst du dann, wenn du mit dir selbst im Einklang bist, wenn du eine Verbindung zu deinem Publikum herstellst und wenn du den Mut hast, deinen eigenen Stil zu entwickeln.

Mach dich bereit. Öffne dieses Buch mit Neugier. Lies es nicht nur, sondern wende es an. Und geh mit dem Bewusstsein in deine nächste Präsentation: Du hast etwas zu sagen. Du hast etwas zu geben. Und du kannst damit etwas bewirken.

Dein Publikum wartet nicht auf Perfektion.
Es wartet auf dich.

Dein Publikum verstehen

Wenn du eine Präsentation vorbereitest, beginnst du nicht mit der Gestaltung deiner Folien oder der Auswahl eines passenden Zitats für den Einstieg. Du beginnst mit dem Menschen, der dir zuhört. In jedem Raum, egal ob groß oder klein, sitzt nicht einfach ein Publikum, sondern sitzen Menschen mit Erwartungen, Bedürfnissen, Hoffnungen und vielleicht auch mit Vorbehalten. Die wichtigste Frage am Anfang deiner Vorbereitung lautet deshalb: Für wen präsentierst du?

Diese Frage ist der Dreh- und Angelpunkt für alles Weitere. Denn wenn du weißt, mit wem du sprichst, kannst du deine Inhalte so aufbereiten, dass sie wirklich ankommen. Du kannst eine Sprache wählen, die verstanden wird, und Beispiele finden, die berühren. Und du kannst eine Verbindung schaffen, die trägt, nicht nur durch deinen Vortrag, sondern darüber hinaus.

Menschen im Raum: keine Zielgruppe von der Stange

Beginne damit, dein Publikum so konkret wie möglich zu beschreiben. Wer wird teilnehmen? Vielleicht handelt es sich um Studierende, vielleicht um Fachleute, vielleicht um Menschen, die gerade erst beginnen, sich mit deinem Thema zu beschäftigen. Überlege dir: Wie viele Teilnehmende werden erwartet? Wird es eine kleine Gruppe sein oder ein großer Hörsaal?

Auch Alter und Lebenssituation spielen eine Rolle. Ein Publikum, das aus erfahrenen Berufstätigen besteht, bringt ganz andere Erwartungen mit als eine Gruppe von

Jugendlichen in der Berufsorientierung. Je genauer du weißt, wen du vor dir haben wirst, desto besser kannst du dich vorbereiten.

Doch es geht nicht nur um äußere Merkmale. Auch die Beziehungen untereinander beeinflussen die Atmosphäre. Kennen sich die Teilnehmenden untereinander? Kennst du einige von ihnen? Gibt es gemeinsame Erfahrungen oder Bezugspunkte? Wenn du hier Verbindungen findest, kannst du darauf aufbauen. Menschen fühlen sich gesehen, wenn du auf ihre Lebenswirklichkeit eingehst.

Frage dich auch, ob es Personen oder Gruppen gibt, auf die du besondere Rücksicht nehmen solltest. In einer Gruppe mit Menschen aus sehr unterschiedlichen sozialen oder kulturellen Hintergründen kann das schnell relevant werden. Sensibilität zahlt sich aus, nicht nur im zwischenmenschlichen Umgang, sondern auch für die Wirkung deiner Präsentation.

Die Motivation verstehen

Ein zweiter entscheidender Bereich ist die Motivation deines Publikums. Warum nehmen diese Menschen an deiner Präsentation teil? Was bringt sie dazu, ihre Zeit und Energie zu investieren? Hast du es mit einem freiwilligen Publikum zu tun oder sind sie verpflichtet teilzunehmen? Diese Frage verändert deine Perspektive.

Wenn Menschen freiwillig kommen, ist ihr Interesse meistens höher. Sie sind offener und neugieriger. Gleichzeitig erwarten sie oft auch einen höheren

Nutzen. Sie investieren schließlich nicht nur Zeit, sondern möglicherweise auch Geld oder andere Ressourcen. Wenn jemand einen freien Abend oder einen Arbeitstag opfert, dann will er oder sie etwas Wertvolles mitnehmen.

Wenn das Publikum jedoch aus einer Pflichtsituation heraus anwesend ist, zum Beispiel im Rahmen einer Schulung oder einer Fortbildung, kann es sein, dass du zunächst mit Zurückhaltung oder sogar Widerstand konfrontiert bist. Dann ist es deine Aufgabe, Brücken zu bauen. Zeig ihnen, warum dein Thema auch für sie bedeutsam ist.

Stelle dir folgende Fragen:

- Welche Interessen haben diese Menschen?
- Was ist ihnen wichtig?
- Welche Ziele verfolgen sie möglicherweise?
- Haben sie bereits Vorerfahrungen mit deinem Thema oder ist es für sie Neuland?
- Welche Vorbehalte oder Ängste könnten bestehen?

Wenn du weißt, was dein Publikum bewegt, kannst du gezielt ansetzen. Du kannst Hürden abbauen, Fragen vorwegnehmen und Unsicherheiten aufgreifen. Und du kannst durch deine Sprache, deine Haltung und deine Beispiele Nähe schaffen.

Reflexion: Womit rechnen, worauf vorbereiten?

In einem nächsten Schritt solltest du dich fragen, welche Meinungen, Haltungen und Perspektiven in deinem Publikum vertreten sein könnten. Es ist naiv zu glauben, dass alle Menschen in einem Raum dieselbe Sichtweise teilen. Gerade bei gesellschaftlich, politisch oder ethisch aufgeladenen Themen ist mit Spannungen zu rechnen.

Stelle dir vor, du sprichst über digitale Bildung in einer Runde von Lehrerinnen und Lehrern. Einige werden begeistert sein, andere skeptisch. Manche haben schon viele Erfahrungen gesammelt, andere stehen noch ganz am Anfang. Wenn du das weißt, kannst du deine Inhalte so strukturieren, dass sie niemanden überfordern und gleichzeitig niemanden langweilen.

Ein gutes Mittel ist hier die Staffelung deiner Inhalte: Beginne mit einer gemeinsamen Basis, auf die sich alle verständigen können. Danach kannst du gezielt differenzieren, Beispiele geben, Perspektiven einladen. So fühlt sich niemand ausgeschlossen, aber auch niemand unterfordert.

Ein weiterer wichtiger Aspekt ist das Wissen deines Publikums. Was wissen diese Menschen schon, und was nicht? Welche Fachbegriffe sind ihnen geläufig? Welche Methoden kennen sie? Wenn du das einschätzen kannst, kannst du dein Sprachniveau anpassen. Vermeide es, zu sehr ins Detail zu gehen, wenn Grundlagen fehlen. Aber sprich dein Publikum auch nicht wie Anfänger an, wenn sie längst Profis sind.

Hilfreich sind Fragen wie:

- Was könnten diese Menschen können oder wissen?
- Wo könnte es Unsicherheiten oder Lücken geben?
- Welche Erfahrungen könnten vorhanden sein, auf die du aufbauen kannst?
- Je besser du hier differenzierst, desto leichter wird es dir fallen, den richtigen Ton zu treffen.
- Der Hintergrund zählt: Biografien, Rollen und Haltungen

Neben Fachwissen und Motivation spielt auch der persönliche und berufliche Hintergrund deiner Zuhörenden eine Rolle. Welche Rollen nehmen sie in ihrem Alltag ein? Welche Verantwortung tragen sie? Welche Erfahrungen bringen sie mit? Ein Mensch, der täglich mit Kindern arbeitet, wird anders auf ein Thema reagieren als jemand aus der Finanzbranche.

Auch die sozialen, kulturellen und politischen Prägungen wirken mit. Natürlich kannst du diese nicht im Einzelnen kennen. Aber du kannst dir bewusst machen, dass dein Publikum nicht neutral ist. Jeder Mensch bringt seine Welt mit, und je besser du das berücksichtigst, desto eher gelingt es dir, eine echte Verbindung herzustellen.

Verzichte auf abwertende Bemerkungen über politische Richtungen, religiöse Zugehörigkeiten oder gesellschaftliche Gruppen. Du musst nicht allen gefallen. Aber du kannst durch Respekt und Offenheit Räume schaffen, in denen Menschen sich sicher fühlen. Und das ist die Grundlage für jede gelungene Kommunikation.

Mini-Übung: Die innere Landkarte deines Publikums

Nimm dir zehn Minuten Zeit und zeichne dir eine einfache Skizze deines Publikums. Du brauchst dafür kein künstlerisches Talent. Notiere stichwortartig:

- Wer sitzt im Raum?
- Was wissen diese Menschen über dein Thema?
- Was könnten sie über dich wissen?
- Welche Erwartungen könnten sie haben?
- Welche Fragen könnten sie dir stellen?
- Welche Sorgen könnten sie mitbringen?

Wenn du diese Übung regelmäßig machst, wirst du mit der Zeit ein gutes Gespür dafür entwickeln, wie du dich auf unterschiedliche Gruppen vorbereitest. Und du wirst merken, dass du mit zunehmender Erfahrung immer treffsicherer wirst.

Beziehung vor Perfektion

Es gibt viele Wege, eine Präsentation zu halten. Manche setzen auf ausgeklügelte Technik, andere auf humorvolle Anekdoten. Doch am Ende zählt vor allem eines: Deine Fähigkeit, eine Beziehung zu deinem Publikum aufzubauen. Menschen hören nicht nur mit den Ohren, sie hören mit dem Herzen.

Wenn du ihnen zeigst, dass du dich für sie interessierst, dass du sie respektierst und ernst nimmst, öffnen sie sich. Dann entsteht eine Verbindung, die weit über

Fakten und Folien hinausgeht. Und genau in diesem Raum kann echte Wirkung entstehen.

Deshalb: Lerne dein Publikum kennen. Nimm dir Zeit für diese Vorbereitung. Sie ist keine zusätzliche Aufgabe, sondern der zentrale Teil deines Präsentationserfolgs.

Du präsentierst nicht für dich.
Du präsentierst für Menschen.
Und genau das macht den Unterschied.

Beziehungsaufbau vom ersten Moment an

Nachdem du dein Publikum sorgfältig analysiert hast, geht es nun um den vielleicht wichtigsten Aspekt einer gelungenen Präsentation: die Beziehung zu den Menschen, die dir zuhören. Ohne Beziehung gibt es keine Wirkung. Diese Tatsache ist weit mehr als ein schöner Satz. Sie ist der Kern jeder überzeugenden Kommunikation.

Wenn du in einem Raum stehst, egal ob vor fünf oder fünfhundert Personen, entsteht sofort eine Atmosphäre. Die Frage ist nur, ob du sie aktiv gestaltest oder dem Zufall überlässt. Dein Ziel ist es, von Beginn an Vertrauen aufzubauen und Nähe herzustellen. So gelingt es dir, Aufmerksamkeit zu halten, Interesse zu wecken und deine Inhalte mit Wirkung zu transportieren.

Vertrauen beginnt mit Haltung

Schon bevor du den ersten Satz sprichst, hast du dein Publikum auf eine Weise angesprochen. Deine Körpersprache, dein Blick, deine Art zu stehen, zu gehen, zu atmen: all das wirkt. Menschen nehmen unbewusst wahr, wie präsent du bist. Ob du dich wirklich für sie interessierst oder einfach nur etwas abspulen möchtest. Diese ersten Sekunden entscheiden oft darüber, wie offen oder verschlossen dein Publikum dir gegenüber bleibt.

Zeig dich menschlich. Sei präsent. Richte deinen Fokus auf die Menschen im Raum, nicht auf deine eigenen Unsicherheiten. Wenn du dich auf andere einlässt, wirst du ihnen als Person begegnen. Und genau das zählt. Es geht nicht darum, perfekt zu wirken, sondern echt.

Sag die Wahrheit, das schafft Verbindung!

Ein einfacher und doch sehr wirkungsvoller Einstieg in jede Präsentation besteht darin, dein Publikum mit kleinen, offensichtlichen Wahrheiten abzuholen. Diese sogenannten Truismen wirken oft stärker als jede rhetorische Pointe. Sie schaffen sofort einen Moment von Zustimmung und Gemeinsamkeit. Beispielsweise könntest du sagen:

„Ich freue mich, Sie heute hier im Seminarraum zu begrüßen. Wir sind im Hotel Sonnenschein, es ist Samstagvormittag, zehn Uhr, und durch die Fenster fällt das Licht auf unsere Tische. Der Duft von frischem Kaffee hängt noch in der Luft. Beste Voraussetzungen für einen guten Start."

Diese Worte holen die Menschen genau dort ab, wo sie gerade sind. Du formulierst nichts Kompliziertes. Du benennst das, was alle erleben. Und gerade dadurch entsteht Nähe. Zustimmung ist der erste Schritt zu Vertrauen. Wenn dein Publikum innerlich mehrmals Ja sagt, wird es auch bei anspruchsvolleren Inhalten eher bereit sein, dir zu folgen.

Sprich alle an, auch in der Vielfalt

Selbst wenn dein Publikum auf den ersten Blick homogen erscheint, besteht es dennoch aus individuellen Persönlichkeiten mit unterschiedlichen Bedürfnissen,

Erfahrungen und Erwartungen. Dein Ziel sollte es sein, möglichst viele dieser Menschen zu erreichen. Das gelingt dir, indem du dich im Vorfeld mit ihrer Vielfalt auseinandersetzt. Frage dich:

- Wer wird teilnehmen?
- Was bringen diese Menschen mit?
- Welche Rollen und Positionen vertreten sie?
- Welche Vorerfahrungen haben sie?
- Welche Erwartungen könnten sie an dich und dein Thema haben?

Ein praktisches Beispiel für eine inklusive Begrüßung:

„Einige von Ihnen bringen langjährige Seminarerfahrung mit, andere stehen vielleicht erst am Anfang. Manche kommen aus dem Marketing, andere aus dem Vertrieb. Ich freue mich besonders, dass heute Menschen aus verschiedenen Regionen hier zusammengekommen sind, aus Wien genauso wie aus den Bundesländern. Jeder einzelne bringt seine eigene Sichtweise mit, und genau diese Vielfalt macht unseren gemeinsamen Tag wertvoll.“

Wenn du solche Unterschiede ansprichst, ohne sie zu bewerten, fühlen sich Menschen wahrgenommen. Niemand bleibt außen vor. Und jeder spürt: Ich bin gemeint.

Du bist das Modell, darum lebe,
was du vermitteln willst!

Wenn du möchtest, dass dein Publikum motiviert ist, musst du selbst motiviert auftreten. Das bedeutet nicht, künstlich begeistert zu wirken oder dich zu verstellen. Es bedeutet, in dem Zustand zu sein, den du erzeugen möchtest.

Wenn du Neugier wecken willst, erinnere dich an eine Situation, in der du selbst neugierig warst. Wenn du Mut fördern möchtest, erzähle von einer eigenen Herausforderung, die du gemeistert hast. Wenn du Vertrauen fördern willst, sei offen und ehrlich.

Deine eigene innere Haltung überträgt sich. Menschen spüren, ob du bei dir bist. Deshalb ist es so wichtig, dass du dich vor deinem Auftritt innerlich ausrichtest. Nimm dir einen Moment Zeit. Atme ruhig. Erinnere dich an dein Anliegen. Und betrete den Raum mit dem Gefühl, dass du den Menschen etwas zu geben hast.

Geschichten berühren mehr als Fakten

Inhalte überzeugen. Geschichten bewegen. Wenn du Menschen wirklich erreichen willst, erzähle ihnen etwas, das unter die Haut geht. Nutze Geschichten aus deinem eigenen Leben, aus deinem Arbeitsalltag oder aus der Welt deiner Zuhörenden. Ein Beispiel:

Statt zu sagen: „Veränderung ist manchmal unbequem", erzähle lieber von einem Moment, in dem du selbst gezwungen warst, deine Komfortzone zu verlassen. Berichte ehrlich, was in dir vorging. Welche Gedanken hattest du? Welche Zweifel? Und was hat dir geholfen, dennoch weiterzugehen?

Solche Geschichten schaffen Verbindung. Sie zeigen dein Menschsein. Und genau das öffnet dein Publikum. Es geht nicht darum, zu beeindrucken, sondern zu berühren.

Gemeinsame Bilder schaffen

Neben echten Geschichten sind auch Metaphern ein wertvolles Werkzeug. Sie sprechen die Vorstellungskraft an und machen komplexe Zusammenhänge greifbar. Wenn du zum Beispiel sagst: „Eine gute Präsentation ist wie eine Wanderung, man braucht eine klare Route, einen festen Stand und ein Gefühl für den nächsten Schritt", dann entsteht ein Bild, das bleibt.

Vermeide es, abstrakte Begriffe zu häufen. Zeige lieber, was du meinst. Nutze Sprache, die anschaulich ist. Und achte darauf, dass deine Bilder für alle zugänglich sind.

Mini-Übung: Deine persönliche Eröffnungsminute

Setze dich in einen ruhigen Raum und stelle dir vor, du betrittst gleich den Präsentationsraum. Die Teilnehmenden schauen dich an. Die Stühle sind besetzt, das Licht ist angenehm. In wenigen Augenblicken wirst du zu sprechen beginnen.

- Welche Worte willst du zuerst sagen?
- Was willst du ausdrücken?
- Wie willst du wirken?

Schreibe dir eine kurze Eröffnungssequenz auf. Keine Floskeln. Kein Standard. Sondern Worte, die du wirklich meinst. Lies sie dir laut vor. Und spüre, wie sie klingen.

Diese Übung hilft dir, präsent und authentisch zu werden. Wenn du mit deinen eigenen Worten beginnst, wird dein Einstieg stark.

Präsenz entsteht im Augenblick

Viele Rednerinnen und Redner sind so sehr mit ihren Inhalten beschäftigt, dass sie den Kontakt zum Raum verlieren. Sie sprechen über Menschen, aber nicht mit ihnen. Lass das nicht zu.

Halte inne. Schau in die Gesichter. Höre hin, was im Raum passiert. Vielleicht ist jemand müde. Vielleicht ist jemand skeptisch. Vielleicht freut sich jemand besonders, heute hier zu sein. Wenn du das wahrnimmst, kannst du darauf reagieren.

Präsenz bedeutet nicht, immer alles zu wissen. Es bedeutet, da zu sein. Mit allem, was ist.

Beziehung ist der Anfang von allem!

Bevor du Wissen vermittelst, vermittle Vertrauen.
Bevor du über Inhalte sprichst, schaffe Nähe.
Bevor du erklärst, zeig dich.

Eine Präsentation ist keine Einbahnstraße. Sie ist ein Gespräch mit vielen Stimmen, auch wenn du der oder die Einzige bist, die spricht. Wenn du dein Publikum ernst nimmst, dich auf es einlässt und eine echte Beziehung aufbaust, wirst du gehört. Und nicht nur das: du wirst verstanden, erinnert und weiterempfohlen.

Deshalb: Bereite nicht nur deinen Stoff vor, sondern auch dein Herz. Zeig dich. Und hab den Mut, ganz Mensch zu sein. Genau das ist die Grundlage jeder erfolgreichen Präsentation.

Vorbereitung ist alles: Themen finden und eingrenzen

Eine gute Präsentation beginnt nicht mit dem ersten Satz. Sie beginnt mit der Vorbereitung. Und diese Vorbereitung entscheidet über deinen Erfolg. Wer sich Klarheit verschafft, worum es wirklich geht, und bewusst entscheidet, was in die Präsentation gehört und was nicht, legt die Grundlage für einen überzeugenden Auftritt.

Viele Menschen sehen die Vorbereitung als lästige Pflicht. Etwas, das man eben schnell erledigen muss, bevor man loslegt. Doch in Wahrheit ist sie der schöpferische Kern jeder Präsentation. Hier wird aus einer Idee eine Struktur. Hier findest du deinen inneren Fokus. Und hier beginnst du, dich mit deinem Thema so zu verbinden, dass du es ausstrahlst.

Wenn du dir zu Beginn genügend Zeit nimmst, wirst du später mit mehr Ruhe und Selbstvertrauen vor deinem Publikum stehen. Denn du wirst wissen, was du sagen willst. Und vor allem wirst du wissen, warum du es sagen willst.

Ein Thema ist nicht gleich eine Botschaft

Vielleicht hast du bereits ein Thema. Möglicherweise hast du es selbst gewählt, vielleicht wurde es dir vorgegeben. Doch bevor du Inhalte sammelst, solltest du dir eine entscheidende Frage stellen: Was genau soll bei meinem Publikum ankommen?

Ein Thema ist oft nur ein Titel, eine Überschrift. Zum Beispiel: „Gesundheitsförderung im Arbeitsalltag" oder „Erfolgreich führen in Veränderungsprozessen". Solche Formulierungen klingen klar, bleiben aber meist noch zu allgemein. Deshalb ist es wichtig, dein Thema einzugrenzen. Du brauchst eine Botschaft, eine Richtung, einen inneren roten Faden.

Was ist dein Anliegen? Was möchtest du mit deiner Präsentation bewirken? Was sollen die Menschen verstanden, gefühlt oder entschieden haben, wenn du fertig bist?

Wenn du diese Fragen beantworten kannst, hast du mehr als ein Thema. Du hast eine Botschaft. Und diese Botschaft ist dein innerer Leitstern. Sie hilft dir dabei, Entscheidungen zu treffen, Inhalte auszuwählen und deinen Vortrag mit Sinn zu füllen.

Die Qual der Wahl

Einer der häufigsten Fehler bei der Präsentationsvorbereitung ist der Wunsch, zu viel zu sagen. Du hast viele Ideen, spannende Beispiele, interessante Fakten und möchtest am liebsten alles unterbringen. Das führt oft zu einem überladenen Vortrag, der dein Publikum eher ermüdet als begeistert.

Weniger ist mehr. Dein Ziel ist nicht Vollständigkeit. Dein Ziel ist Klarheit. Du willst keine Enzyklopädie vortragen, sondern einen Gedankenweg gestalten. Einen Weg, der deine Zuhörenden Schritt für Schritt mitnimmt. Und dieser Weg braucht Struktur und Konzentration auf das Wesentliche.

Erlaube dir, Dinge wegzulassen. Entscheide dich bewusst für Schwerpunkte. Nimm nicht auf, was du sagen könntest, sondern was du sagen solltest. Stell dir dabei die Frage: Wenn ich nur zehn Minuten Zeit hätte, was würde ich sagen?

Diese Frage zwingt dich dazu, dich auf den Kern zu fokussieren. Sie zeigt dir, worauf es wirklich ankommt. Und sie macht es dir leichter, Inhalte zu gewichten.

Struktur beginnt mit Klarheit

Wenn du dein Thema eingegrenzt und deine Botschaft gefunden hast, kannst du mit der Strukturierung beginnen. Du brauchst einen nachvollziehbaren Aufbau. Eine klare Linie. Einen roten Faden, der sich durch deine Präsentation zieht.

Eine einfache und bewährte Struktur besteht aus drei Teilen: Einstieg, Hauptteil und Schluss. Innerhalb dieser Teile gestaltest du deinen Inhalt so, dass dein Publikum ihm leicht folgen kann.

Im Einstieg solltest du Neugier wecken. Stell eine spannende Frage, erzähle eine kleine Geschichte oder beginne mit einer überraschenden Zahl. Wichtig ist, dass du dein Publikum gleich zu Beginn emotional und gedanklich abholst.

Im Hauptteil entwickelst du deine Gedanken. Teile ihn in überschaubare Abschnitte auf. Drei bis fünf Kernaussagen reichen in der Regel aus. Jede dieser Aussagen solltest du mit Beispielen, Metaphern oder kleinen Übungen konkret machen. So bleibt dein Inhalt nicht abstrakt, sondern wird erfahrbar.

Im Schluss rundest du deine Präsentation ab. Du wiederholst nicht einfach nur das Gesagte, sondern bringst es auf den Punkt. Zeig deinem Publikum, was sie mitnehmen können. Gib ihnen eine Perspektive. Lass sie mit einem Gedanken gehen, der wirkt. Eine mögliche Struktur könnte so aussehen:

1. Einstieg: Was ist das Thema und warum ist es wichtig?
2. Teil 1: Wo stehen wir aktuell? Welche Herausforderungen bestehen?
3. Teil 2: Welche Ideen oder Lösungen gibt es?
4. Teil 3: Wie lässt sich das praktisch umsetzen?
5. Schluss: Was bleibt? Was können die Zuhörenden tun oder bedenken?

Diese Struktur ist kein starres Gerüst, sondern eine Orientierungshilfe. Du kannst sie anpassen, kombinieren oder anders gewichten. Wichtig ist, dass du eine innere Linie findest, die zu dir und deinem Thema passt.

Mini-Übung: Dein Thema in einem Satz

Nimm dir einen Moment Zeit und formuliere dein Thema in einem einzigen Satz. Stell dir vor, du triffst jemanden auf dem Flur, der dich fragt: „Worum geht es in deiner Präsentation?" Was würdest du antworten?

Versuche, konkret zu sein. Statt zu sagen: „Es geht um Kommunikation", sag lieber: „Ich zeige, wie man mit einfachen Mitteln Gespräche in Konfliktsituationen deeskalieren kann." Statt: „Ich spreche über Nachhaltigkeit", sag: „Ich erkläre, wie kleine Veränderungen im Alltag einen großen Unterschied für unsere Umwelt machen können." Diese Übung hilft dir, Klarheit zu gewinnen. Und sie gibt dir ein starkes Fundament für alles Weitere.

Vorbereitung ist mehr als Planung

Eine gute Vorbereitung ist mehr als das Erstellen von Notizen oder Folien. Sie ist ein innerer Prozess. Du verbindest dich mit deinem Thema, entwickelst Haltung, schärfst deine Wahrnehmung. Und genau dadurch wirst du präsent, klar und überzeugend.

Frage dich nicht nur: Was sage ich? Frage dich auch: Was will ich bewirken? Was braucht mein Publikum, um mir folgen zu können? Und wie kann ich meinen Inhalt so vermitteln, dass er berührt und wirkt?

Wenn du mit dieser Haltung in die Vorbereitung gehst, wirst du merken, wie sich dein Denken verändert. Du wirst strukturierter, sicherer und kreativer. Und deine Präsentation bekommt Tiefe und Richtung.

Vorbereitung ist der Anfang von allem

Jede gelungene Präsentation beginnt mit der Entscheidung, sich vorzubereiten. Nicht oberflächlich, sondern bewusst. Nicht hektisch, sondern mit Ruhe. Nicht für dich allein, sondern im Kontakt mit dem, was deine Zuhörenden brauchen.

Wenn du dir diese Vorbereitung gönnst, wirst du nicht nur kompetenter auftreten. Du wirst dich wohler fühlen. Du wirst überzeugender sprechen. Und du wirst erleben, wie deine Botschaft ankommt.

Denn Präsentieren beginnt nicht mit Sprechen. Es beginnt mit Denken. Und mit der Entscheidung, deine Inhalte so zu gestalten, dass sie Sinn ergeben und etwas bewirken können.

Nutze diese Chance. Sie ist das Fundament deiner Wirkung.

Den roten Faden finden: Struktur und Dramaturgie

Eine Präsentation ohne Struktur ist wie eine Reise ohne Ziel. Du kannst dich auf den Weg machen, du kannst reden, erzählen, erklären, aber wenn es keinen klaren Weg gibt, wirst du dein Publikum irgendwo verlieren. Menschen folgen dir, wenn sie erkennen können, wohin es geht. Wenn sie spüren, dass du weißt, was du tust. Und wenn sie Vertrauen entwickeln, dass sich das Zuhören lohnt.

Die Struktur deiner Präsentation ist kein äußerliches Gerüst. Sie ist der innere Bauplan deiner Botschaft. Sie entscheidet darüber, ob deine Inhalte verständlich, nachvollziehbar und erinnerbar sind. Und sie gibt dir selbst Sicherheit. Denn wer weiß, wohin er führt, kann sich ganz auf den Weg und die Menschen einlassen.

Struktur ist Beziehungspflege

Es gibt keine Struktur, die für alle Präsentationen passt. Aber es gibt ein Prinzip, das immer gilt: Deine Präsentation braucht einen Anfang, eine Mitte und ein Ende. Und sie braucht einen Zusammenhang zwischen diesen Teilen. Dieser Zusammenhang ist dein roter Faden.

Stell dir vor, du sprichst über ein wichtiges Thema. Du hast starke Inhalte, gute Beispiele, einen klaren Standpunkt. Doch dein Publikum kann dir nicht folgen, weil deine Gedanken sprunghaft sind. Du verlierst sie, obwohl du eigentlich etwas Wertvolles zu sagen hast.

Ein guter roter Faden hilft dir, deine Inhalte so zu ordnen, dass dein Publikum sich orientieren kann. Es versteht, wo du beginnst, wohin du führst und worauf du hinauswillst. Du baust Spannung auf, schaffst Übergänge, wiederholst das Wesentliche, nicht mechanisch, sondern bewusst und mit Gefühl für die Situation.

Dramaturgie: Von Anfang bis Ende mit Sinn

Neben der sachlichen Struktur gibt es noch eine zweite, oft unterschätzte Dimension: die Dramaturgie. Sie beschreibt die emotionale Gestaltung deiner Präsentation. Du führst nicht nur Gedanken vor, du gestaltest einen inneren Spannungsbogen. Du entwickelst eine Geschichte, eine Bewegung, eine Entwicklung.

Eine gute Dramaturgie orientiert sich nicht an Effekten, sondern an Sinn. Du beginnst nicht beliebig, sondern mit einem Einstieg, der berührt. Du gehst nicht einfach durch Inhalte, sondern entwickelst sie Schritt für Schritt. Und du schließt nicht mit einem „Danke für Ihre Aufmerksamkeit", sondern mit einer Botschaft, die bleibt.

Der Einstieg: Türöffner zur Aufmerksamkeit

Die ersten Minuten entscheiden. Wenn dein Publikum in diesen Momenten interessiert ist, bleibt es dir eher gewogen. Wenn es sich langweilt oder irritiert fühlt, wird es innerlich abschalten.

Ein starker Einstieg kann viele Formen haben:

- eine Frage, die zum Nachdenken anregt
- eine kurze Geschichte, die Emotionen weckt
- eine provokante These, die Neugier erzeugt
- eine persönliche Erfahrung, die Nähe schafft

Wichtig ist, dass du dein Publikum ansprichst. Nicht nur mit Worten, sondern mit Haltung. Zeig, dass du da bist. Zeig, dass du dich vorbereitet hast. Und zeig, dass du ihnen etwas mitgeben möchtest.

Vermeide es, mit formellen Floskeln oder allgemeinen Phrasen zu starten. Sag lieber etwas, das echt ist. Und das zeigt, warum du dieses Thema heute mit diesen Menschen teilen willst.

Der Hauptteil: Klarheit, Tiefe und Relevanz

Im Hauptteil entfaltet sich dein Thema. Hier entwickelst du deine Argumente, zeigst Zusammenhänge auf, bringst Beispiele, erläuterst Methoden. Der Hauptteil ist das Herz deiner Präsentation, und er braucht Struktur.

Gliedere deinen Inhalt in drei bis fünf Abschnitte. Jeder dieser Abschnitte sollte einem Gedanken gewidmet sein. Beginne mit dem Wichtigsten. Oder arbeite dich bewusst auf einen Höhepunkt hin. Achte darauf, Übergänge zu gestalten, damit dein Publikum folgen kann.

Nutze visuelle Hilfsmittel sparsam und gezielt. Vermeide, Inhalte einfach abzulesen. Erkläre, kommentiere, gestalte. Sprich frei, so gut es geht. Und beziehe dein

Publikum ein, wenn das Format es erlaubt. Auch kurze Fragen oder kleine Abstimmungen können Interesse wecken und Beteiligung fördern.

Wiederhole zentrale Gedanken auf unterschiedliche Weise. Nicht durch stures Wiederholen, sondern durch geschickte Wiederaufnahmen, durch Beispiele, durch Bilder. So entsteht Verständnis und Verankerung.

Der Schluss: was bleibt, wirkt

Ein guter Schluss ist nicht das automatische Ende deiner letzten Folie. Er ist der Moment, in dem du deine Präsentation abrundest, vertiefst und bewusst beendest. Viele Präsentationen verlieren an Wirkung, weil der Schluss beiläufig ist. Dabei ist er oft das, was am stärksten in Erinnerung bleibt.

Ein starker Schluss kann sein:

- ein zusammenfassender Gedanke
- ein Appell an das Publikum
- eine offene Frage, die weiterwirkt
- eine persönliche Note, die berührt

Sag nicht nur, was war. Sag auch, was kommt. Was sollen die Menschen mitnehmen? Was können sie tun? Wie könnte es weitergehen?

Du darfst emotional werden, wenn es zu dir passt. Du darfst leise werden. Oder stark. Wichtig ist, dass du den Raum bewusst verlässt. Und deinem Publikum etwas hinterlässt.

Mini-Übung: Der rote Faden in drei Sätzen

Nimm dir ein Blatt Papier. Schreibe drei Sätze auf:

1. So beginne ich meine Präsentation: ...
2. Das ist der zentrale Gedanke im Hauptteil: ...
3. Damit endet mein Vortrag: ...

Lies dir die drei Sätze laut vor. Spürst du einen Zusammenhang? Entsteht eine innere Bewegung? Wenn nicht, überarbeite sie. Wenn ja, hast du deinen roten Faden bereits gefunden.

Stolperfallen vermeiden: Klarheit statt Komplexität

Viele Präsentationen verlieren sich in Nebensächlichkeiten. Sie verlieren an Wirkung, weil sie zu viel wollen. Oder weil sie zu unklar sind. Deshalb:

- Vermeide zu viele Unterthemen
- Halte die Struktur einfach und nachvollziehbar
- Sprich in Bildern, nicht in Fachbegriffen
- Führe nicht nur durch Inhalte, sondern auch durch Sprache und Blickkontakt

Vertraue darauf, dass weniger mehr ist. Wenn du dein Thema verstehst, brauchst du keine Komplexität, um zu beeindrucken. Du brauchst Klarheit, um zu überzeugen.

Manche Menschen glauben, Struktur sei ein Korsett. Etwas, das sie einengt. Doch das Gegenteil ist der Fall. Eine klare Struktur gibt dir Freiheit. Du kannst dich auf dein

Publikum konzentrieren. Du kannst improvisieren, wenn nötig. Du kannst dich sicher bewegen, weil du weißt, wohin du willst.

Struktur ist kein starres Gerüst. Sie ist wie ein inneres Geländer, an dem du dich orientierst.

Und dein Publikum tut das auch. Es folgt dir leichter, wenn es sich orientieren kann. Es bleibt bei dir, wenn du weißt, was du tust.

Deshalb: Nimm dir Zeit, deinen roten Faden zu finden. Spiel mit Dramaturgie. Gestalte deine Präsentation wie eine gute Geschichte: mit Anfang, Mitte und Ende. Mit Wendepunkten, mit Klarheit, mit Gefühl.

Dann wird deine Präsentation nicht nur gehört. Sie wird erlebt. Und sie wird wirken.

Notbrücken bei Redepannen

Auch bei bester Vorbereitung kann es passieren: Du verlierst einen Gedanken, verhedderst dich in einem Satz, merkst, dass deine Methode nicht funktioniert oder spürst, wie dein Publikum innerlich abschaltet. Keine Sorge. Niemand erwartet, dass du fehlerfrei durch deine Präsentation gehst. Aber man erwartet, dass du souverän bleibst. Und genau dafür brauchst du Notbrücken.

Notbrücken sind keine Notlösungen im Sinne von Flickwerk. Sie sind bewährte Strategien, mit denen du in schwierigen Momenten die Verbindung zum Publikum hältst, den roten Faden wiederfindest und deine Wirkung bewahrst. Sie helfen dir, authentisch zu bleiben, ohne dich zu verlieren. Und sie zeigen, dass du präsent bist. Nicht perfekt, aber echt und handlungsfähig. Diese Notbrücken sind wie dein Airbag im Auto: Du hoffst, ihn nicht zu brauchen, aber er kann dich im entscheidenden Moment retten.

Pausieren: der einfachste Weg zur Klarheit

Wenn du ins Stocken gerätst oder nicht mehr weißt, wie du weitermachen sollst, dann gönn dir einen Moment der Stille. Viele Menschen haben Angst vor der Pause. Sie glauben, sie müssten sofort weitersprechen, um kompetent zu wirken. Doch genau das Gegenteil ist der Fall. Eine bewusste Pause zeigt, dass du bei dir bist. Sie gibt dir Raum zum Denken. Und sie gibt deinem Publikum Gelegenheit, das Gesagte zu verarbeiten. Diese Stille wirkt oft souveräner als jedes hastige Weitersprechen.

Atme ruhig durch, schau in den Raum, finde deinen nächsten Gedanken, und sprich dann klar und gelassen weiter.

Wiederholen: zurückgehen, um Klarheit zu schaffen

Wenn du merkst, dass du dich verhaspelt hast oder deine letzten Sätze unklar waren, geh einen Schritt zurück. Sprich es ruhig offen aus:

„Die letzten Gedanken sollte ich noch einmal verdeutlichen."

Dieser Satz zeigt, dass du aufmerksam bist. Dass du Verantwortung übernimmst. Und dass du bereit bist, für Klarheit zu sorgen. Wiederhole deinen vorherigen Punkt mit einfacheren Worten oder einem passenden Beispiel. So holst du dein Publikum wieder ins Boot.

Zusammenfassen: Ordnung im Kopf und im Raum

Manchmal verlierst du dich in Details. Oder du spürst, dass deine Zuhörenden nicht mehr genau wissen, worum es gerade geht. Dann hilft eine kurze Zusammenfassung. Sie bringt Struktur in deine Gedanken und gibt dem Publikum einen klaren Orientierungspunkt. Sag zum Beispiel:

„An dieser Stelle kann man das Gesagte wie folgt zusammenfassen."

Fasse dann in zwei oder drei Sätzen die wichtigsten Gedanken zusammen. Kurz. Klar. Verständlich. Das schafft neue Ordnung, für dich und für alle anderen.

Fragen stellen: den Kontakt aktivieren

Wenn du spürst, dass die Aufmerksamkeit nachlässt oder du selbst gerade festhängst, beziehe dein Publikum ein. Eine einfache Frage bringt neue Energie in den Raum:

„Möchte jemand zum bisher Gesagten eine Frage stellen?"

Diese Frage schafft eine Unterbrechung im Redefluss, bringt Bewegung in den Raum und zeigt, dass du dich für die Menschen interessierst. Auch wenn keine Antwort kommt, verändert sich die Atmosphäre. Dein Publikum hört wieder bewusster zu.

Rhetorische Fragen: Denkbögen aufbauen

Du musst nicht immer nach Antworten fragen. Manchmal genügt es, Fragen zu stellen, die nachklingen. Rhetorische Fragen schaffen einen Übergang und aktivieren das Denken. Beispiele:

„Was bedeutet das konkret für unseren Alltag?" oder: „Wie lässt sich das in der Praxis umsetzen?"

Solche Fragen lenken die Aufmerksamkeit und machen deine Präsentation lebendiger. Du öffnest innere Räume, ohne gleich etwas beantworten zu müssen.

Inhalte überspringen: mit Klarheit führen

Nicht immer läuft alles nach Plan. Vielleicht stellst du fest, dass ein Kapitel zu viel Zeit beansprucht. Oder du spürst, dass dein Publikum mit einem anderen Thema mehr anfangen kann. Dann triff eine klare Entscheidung. Du kannst sagen:

„Darauf komme ich später nochmals zurück."

Oder: „Diesen Teil lasse ich an dieser Stelle bewusst aus, weil uns der nächste Abschnitt gerade mehr bringt."

So zeigst du, dass du flexibel bleibst und Verantwortung für die gemeinsame Zeit übernimmst. Dein Publikum wird dir das danken.

Methode wechseln, wenn etwas nicht funktioniert

Manchmal geht etwas schief. Eine geplante Übung klappt nicht. Die Technik spielt nicht mit. Oder du merkst, dass das, was du dir überlegt hast, nicht zur Situation passt. Dann wechsle die Methode. Sag ehrlich:

„Ich merke, dass wir an dieser Stelle mit einer anderen Herangehensweise besser weiterkommen. Ich schlage vor, wir machen jetzt folgendes ..."

Dieser Wechsel zeigt Mut und Präsenz. Du bleibst im Moment. Und du zeigst, dass du dein Ziel im Blick behältst, auch wenn du den Weg veränderst.

Visualisieren: mit einem Stichwort neue Klarheit schaffen

Wenn du selbst gerade hängst oder das Gespräch ins Stocken gerät, hilft oft eine einfache Visualisierung. Schreib ein zentrales Stichwort auf das Flipchart. Das gibt dir einen Anker und bringt neue Struktur in den Raum. Du kannst diesen Schritt mit einer Aktivierung verbinden:

„Diskutieren Sie einmal mit Ihrem Nachbarn diese Frage."

So gewinnst du Zeit zum Sortieren und bringst dein Publikum in den Dialog. Danach kannst du ihre Gedanken aufgreifen und neu ansetzen.

Den Ball zurückspielen: Teilnehmende einbeziehen

Wenn du einen Moment brauchst oder neue Impulse suchst, gib deinem Publikum den Ball zurück. Sag einfach:

„Überlegen Sie kurz …"

Zum Beispiel: „Was war für Sie der wichtigste Gedanke bisher?" Oder: „Welche Frage ergibt sich für Sie aus dem, was ich gerade gesagt habe?"

Diese kurzen Denkaufgaben beleben deine Präsentation. Und sie zeigen: Du präsentierst nicht nur für andere, du präsentierst mit ihnen.

Sei souverän statt perfekt!

Fehler gehören zum Präsentieren dazu. Aber du musst nicht perfekt sein, um professionell zu wirken. Du musst nur bereit sein, im Moment zu bleiben und angemessen zu reagieren.

Mit den Notbrücken aus diesem Kapitel bist du gut gerüstet. Du hast Werkzeuge, mit denen du dich wieder orientieren kannst. Du hast Möglichkeiten, dein Publikum einzubeziehen. Und du hast Strategien, mit denen du Ruhe und Klarheit bewahrst.

Wenn du dich traust, Fehler zuzulassen, wirst du glaubwürdig. Wenn du dich zeigst, wirst du spürbar.

Und wenn du deinen Weg weitergehst, auch wenn etwas schiefläuft, wirst du als stark und souverän wahrgenommen.

Dein Publikum will keine perfekte Show. Es will echte Verbindung. Und die entsteht, wenn du ehrlich bleibst, klar kommunizierst und in schwierigen Momenten handlungsfähig bleibst.

Visualisierung planen: Bilder, die bleiben

Menschen denken in Bildern. Sie erinnern sich an Gesichter, an Situationen, an Farben, an Formen. Was du zeigst, wirkt oft stärker als das, was du sagst. Deshalb ist Visualisierung nicht nur ein nettes Extra. Sie ist ein zentrales Gestaltungsmittel, das deine Präsentation stützt, verstärkt und manchmal sogar rettet.

Wenn du deine Inhalte durchdacht visualisierst, sprichst du mehrere Sinne gleichzeitig an. Du erzeugst Aufmerksamkeit, verdeutlichst Zusammenhänge und förderst das Verstehen. Gute Visualisierungen helfen deinem Publikum, den Überblick zu behalten, Wichtiges zu erkennen und sich Inhalte besser einzuprägen.

Doch wie gelingt das konkret? Wie findest du passende Bilder, klare Strukturen und geeignete Medien? Und was solltest du lieber lassen?

Was Visualisierung leisten kann

Eine gelungene Visualisierung erfüllt mehrere Aufgaben gleichzeitig:

- Sie unterstützt das gesprochene Wort
- Sie strukturiert Informationen
- Sie weckt Emotionen
- Sie aktiviert das Gedächtnis
- Sie ermöglicht Beteiligung

Wenn du diese Ziele im Kopf behältst, wirst du bewusster entscheiden, wie du deine Inhalte aufbereitest. Du wirst nicht nur zeigen, was du sagen willst. Du wirst zeigen, wie es wirkt, was es bedeutet und warum es wichtig ist.

Weniger ist mehr: Klarheit vor Fülle

Ein häufiger Fehler in Präsentationen besteht darin, zu viel zeigen zu wollen. Lange Listen, überladene Folien, winzige Schriftgrößen oder komplexe Schaubilder überfordern dein Publikum. Sie erzeugen eher Verwirrung als Verständnis.

Die wichtigste Regel lautet: Gestalte einfach. Ein Gedanke pro Folie. Ein zentrales Bild. Eine klare Struktur. Wenn du ein Flipchart verwendest, achte auf große, lesbare Schrift. Verwende Farben gezielt, aber sparsam. Und halte dich an ein visuelles Grundprinzip: Was du zeigst, soll beim Publikum etwas auslösen, nicht nur Informationen transportieren.

Stelle dir bei jeder Visualisierung die Frage: Was will ich damit bewirken? Wenn du das beantworten kannst, wirst du automatisch klarer und wirkungsvoller gestalten.

PowerPoint, Flipchart, Handout: was passt wann?

Es gibt viele Möglichkeiten, Inhalte sichtbar zu machen. Die Frage ist nicht, welches Medium das beste ist. Die Frage ist: Welches Medium unterstützt deine Botschaft am besten?

PowerPoint eignet sich gut für strukturierte Vorträge, für Bilder, für Videos und für kurze Stichworte. Wichtig ist, dass du nicht einfach Text abliest. Nutze PowerPoint als visuelle Unterstützung, nicht als Skript.

Das Flipchart ist ideal für kleinere Gruppen, für spontane Notizen, für Visualisierung im Moment. Es wirkt persönlich und handgemacht. Und es lässt sich gut mit Interaktionen verbinden. Wenn du Begriffe sammelst, Fragen notierst oder Zwischenergebnisse festhältst, wird dein Publikum aktiv einbezogen.

Ein Handout ist nützlich, wenn du umfangreichere Inhalte vermitteln willst, die zum späteren Nachlesen gedacht sind. Gib es idealerweise am Ende deiner Präsentation aus, damit der Fokus während deines Vortrags auf dir bleibt.

Die beste Präsentation entsteht oft durch kluge Kombination. PowerPoint zur Strukturierung, Flipchart für Beteiligung, Handout für die Vertiefung. Entscheidend ist, dass du deine Medien bewusst auswählst und nicht beliebig einsetzt.

Visualisierung vorbereiten: Planung spart Stress

Eine gute Visualisierung entsteht nicht nebenbei. Sie braucht Planung. Überlege dir frühzeitig:

- Welche Inhalte sollen visualisiert werden?
- Welche Form eignet sich dafür am besten?
- Welche Mittel stehen dir zur Verfügung?

- Wie viel Zeit hast du, um aufzubauen oder umzustellen?
- Wie sieht der Raum aus? Gibt es Licht, Platz, Technik?

Mach dir Notizen. Erstelle einfache Skizzen. Teste deine PowerPoint-Folien vorab auf Lesbarkeit. Überlege, ob du bestimmte Grafiken brauchst. Und achte darauf, dass du die Technik bedienen kannst oder jemanden hast, der dich unterstützt. Ein kleiner Technik-Check vor Beginn spart dir später viele Nerven.

Zeichnen, schreiben, gestalten: du musst kein Künstler sein

Viele Menschen glauben, sie könnten keine Flipcharts gestalten, weil sie nicht zeichnen können. Doch du brauchst kein Zeichentalent. Du brauchst nur Mut zur Einfachheit.

Ein paar einfache Symbole reichen oft aus: eine Figur für Menschen, ein Kreis für Ideen, ein Pfeil für Entwicklung, ein Herz für Emotion. Wichtig ist, dass du groß, deutlich und lesbar arbeitest. Nutze Farben zur Gliederung. Verwende Rahmen, Schatten oder Pfeile, um Zusammenhänge sichtbar zu machen.

Auch bei PowerPoint gilt: weniger ist mehr. Vermeide animierte Effekte, überladene Folien oder zu viele Schriftarten. Nutze klare Kontraste. Lass Weißraum zu. Und verwende Bilder, die etwas erzählen, nicht nur dekorativ wirken.

Exkurs: Du musst kein Künstler sein!

Viele Menschen schrecken davor zurück, ein Flipchart zu benutzen, weil sie glauben, nicht zeichnen zu können. Sie fürchten, dass ihre Linien schief, ihre Figuren zu einfach oder ihre Schrift zu unordentlich wirken könnte. Doch das ist nicht entscheidend. Dein Publikum erwartet keine Kunstwerke, sondern echte, lebendige Präsenz.

Gerade das gemeinsame Entstehen eines Bildes, eines Begriffs oder eines Ablaufplans erzeugt eine besondere Dynamik. Wenn du live schreibst, skizzierst oder Strukturen aufbaust, folgen dir die Blicke. Du baust Spannung auf, erzeugst Aufmerksamkeit und gibst deinem Vortrag eine zusätzliche Ebene. Diese Momente wirken unmittelbar. Sie sind echt. Und sie bleiben im Gedächtnis.

Das Flipchart lebt nicht von Perfektion, sondern von Persönlichkeit. Wenn du dich traust, während des Sprechens ein einfaches Bild zu zeichnen oder eine zentrale Frage zu notieren, wird dein Publikum das zu schätzen wissen. Es wird dich als präsent, klar und engagiert erleben.

Ich selbst habe in meinen Seminaren live schon mit sehr schrägen Skizzen gearbeitet, und gerade diese wurden später immer wieder zitiert. Sie haben für Lachen gesorgt und hatten darüber hinaus einen hohen Wiedererkennungswert. Sie waren menschlich. Und sie haben die Botschaft transportiert, um die es ging.

Der Bär kommt

– Ruhe bewahren!
– Zeit gewinnen!

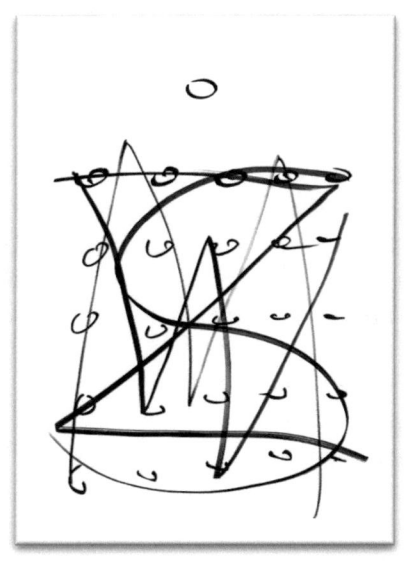

Bilder wirken tiefer als Worte

Ein einzelnes Bild kann oft mehr ausdrücken als eine ganze Seite Text. Nutze diese Kraft bewusst. Wähle Bilder aus, die deine Botschaft unterstützen. Zeige keine Klischees oder austauschbare Symbolbilder. Suche lieber nach Motiven, die Emotionen wecken, überraschen oder zum Nachdenken anregen.

Frage dich bei jedem Bild: Wozu dient es? Was löst es aus? Und was sagt es aus, ohne dass ich es erklären muss?

Ein gut gewähltes Bild kann ganze Absätze ersetzen. Es kann Stimmungen transportieren, Inhalte verdichten und dein Publikum innerlich bewegen.

Beteiligung ermöglichen, das Publikum einbeziehen

Visualisierungen sind nicht nur zum Zeigen da. Du kannst dein Publikum aktiv beteiligen. Bitte zum Beispiel darum, Gedanken auf Karten zu notieren. Sammle Begriffe am Flipchart. Lasse kleine Gruppen eine Skizze entwerfen. Oder arbeite mit vorbereiteten Symbolen, die du gemeinsam anordnen lässt.

So entsteht nicht nur ein Bild, sondern ein Prozess. Und dieser Prozess schafft Verbindung, Beteiligung und ein stärkeres Erleben. Ein Beispiel:

„Schreiben Sie bitte zu zweit drei Begriffe auf, die Sie mit unserem Thema verbinden. Wir sammeln sie gleich gemeinsam am Flipchart."

Solche einfachen Aktionen machen aus Zuhörenden Beteiligte. Sie wecken Energie. Und sie helfen dir, die Gruppe besser einzuschätzen.

Mini-Übung: Deine nächste Präsentation visualisieren

Stell dir dein nächstes Präsentationsthema vor. Jetzt beantworte folgende Fragen schriftlich:

- Welche drei Hauptgedanken möchte ich sichtbar machen?
- Welches Medium eignet sich dafür am besten?
- Welche einfache Skizze, Metapher oder Illustration könnte ich einsetzen?
- Welche Materialien brauche ich dafür?
- Wie kann ich mein Publikum mit einbeziehen?

Diese Vorbereitung hilft dir, visuelle Elemente bewusst zu planen. Und sie stärkt deine Sicherheit im Umgang mit Medien.

Fazit: Sichtbar machen, was bewegt

Visualisierung ist mehr als Gestaltung. Sie ist Einladung, Unterstützung und Verstärker zugleich. Du hilfst deinem Publikum, zu sehen, was du meinst. Du gibst Orientierung. Du schaffst Eindrücke, die bleiben.

Wenn du Bilder mit Bedacht auswählst, mit klarer Struktur arbeitest und deine Mittel gezielt einsetzt, wirst du deine Wirkung deutlich steigern. Und du wirst merken, wie viel Freude es machen kann, Inhalte sichtbar zu machen.

Es braucht kein großes Budget. Kein perfektes Design. Was es braucht, ist Klarheit, Aufmerksamkeit und ein bisschen Mut zur Kreativität.

Dein Publikum wird es dir danken. Nicht nur mit Interesse, sondern mit Verständnis. Und vielleicht auch mit einem Lächeln, wenn aus einem trockenen Thema plötzlich ein lebendiges Bild entsteht.

Körpersprache und Stimme wirkungsvoll einsetzen

Du kannst die besten Inhalte haben. Du kannst hervorragend vorbereitet sein, dein Thema lieben und deine Visualisierung sorgfältig geplant haben. Doch wenn deine Körpersprache und deine Stimme nicht mit dem übereinstimmen, was du sagst, wirst du dein Publikum kaum erreichen. Präsenz entsteht nicht allein durch Worte. Sie zeigt sich in Haltung, Ausdruck, Klang und Ausstrahlung.

Menschen nehmen nicht nur auf, was du sagst. Sie spüren, wie du es sagst. Und sie reagieren stärker auf das Wie als auf das Was. Deine Stimme, deine Bewegungen, dein Blick, all das bestimmt mit, ob du überzeugst, ob du berührst oder ob du unbemerkt bleibst.

Die gute Nachricht: Du musst kein Profi auf der Bühne sein, um echte Präsenz zu zeigen. Du brauchst keine spezielle Ausbildung. Was du brauchst, ist Aufmerksamkeit für deinen Körper und die Bereitschaft, dich als ganzer Mensch in die Kommunikation einzubringen.

Haltung zeigt Haltung, innen wie außen

Deine Haltung beginnt nicht mit der Wirbelsäule, sondern mit deiner inneren Ausrichtung. Sie verrät, wie du zu dir selbst stehst, wie du dein Thema empfindest und wie du dein Publikum wahrnimmst. Wenn du dir selbst vertraust, wird man das sehen. Wenn du dein Anliegen ernst nimmst, spüren das die Menschen vor dir.

Stell dich aufrecht hin. Spüre den Boden unter deinen Füßen. Lass deinen Körper sich aufrichten, ohne dich anzuspannen. Stell dir vor, ein Faden zieht dich sanft am Scheitel nach oben. Dein Brustkorb hebt sich leicht. Dein Nacken ist frei. Dein Blick geht offen in den Raum.

Diese Haltung wirkt wach, stabil und präsent. Du sendest aus: Ich bin da. Ich übernehme Verantwortung für das, was ich sage. Ich habe etwas zu geben.

Achte darauf, dich nicht klein zu machen. Vermeide es, deine Schultern hängen zu lassen, die Arme zu verschränken oder dich mit dem Körper zurückzuziehen. All das signalisiert Unsicherheit und blockiert deine Atmung. Eine aufrechte, offene Haltung hingegen schafft Raum für deine Stimme, für deinen Ausdruck, für dein Publikum.

Mimik spricht, noch bevor du etwas sagst

Dein Gesicht ist ständig in Bewegung. Noch bevor du sprichst, hast du mit deinem Gesicht schon einen ersten Eindruck vermittelt. Menschen lesen in deiner Mimik, ob du dich wohlfühlst, ob du aufmerksam bist, ob du bei der Sache bist.

Du musst keine bestimmte Mimik aufsetzen. Sei einfach wach. Zeig dich. Sieh dein Publikum an, reagiere auf Reaktionen, zeige, dass du da bist. Ein echtes Lächeln wirkt mehr als jede aufgesetzte Freundlichkeit. Eine hochgezogene Augenbraue bei einer kritischen Frage kann Spannung aufbauen. Eine ernsthafte Miene bei einem wichtigen Punkt bringt Tiefe.

Wenn du innerlich klar bist, wird deine Mimik von selbst stimmig sein. Und genau das ist es, was Menschen berührt: Echtheit statt Show.

Gestik macht Gedanken sichtbar

Deine Hände sind wichtige Unterstützer deiner Sprache. Mit ihnen kannst du betonen, unterstreichen, ordnen, öffnen oder abgrenzen. Gesten machen Gedanken sichtbar. Sie helfen deinem Publikum, Inhalte besser zu erfassen.

Vermeide übermäßige oder unruhige Bewegungen. Wenn deine Hände hektisch durch die Luft fliegen oder du nervös an deinen Fingern spielst, lenkt das ab. Reduziere deine Gestik auf das, was sinnvoll unterstützt.

Gleichzeitig gilt: Halte deine Hände nicht krampfhaft still. Eine offene Geste, wenn du eine Einladung aussprichst, eine beschreibende Handbewegung bei einer Erklärung oder ein klares Signal bei einem Schlussgedanken: all das kann deinen Worten Kraft verleihen.

Am wirkungsvollsten ist deine Gestik, wenn sie aus dem Moment heraus entsteht. Dann ist sie natürlich. Dann ist sie glaubwürdig. Dann ergänzt sie deine Botschaft, ohne aufdringlich zu sein.

Die Stimme trägt und verrät dich

Deine Stimme ist mehr als ein Werkzeug. Sie ist Ausdruck deiner inneren Verfassung. Sie zeigt, ob du ruhig oder angespannt bist, sicher oder zweifelnd, verbunden oder distanziert. Dein Publikum hört nicht nur den Inhalt deiner Worte, sondern auch deren Energie.

Sprich aus dem Körper, nicht nur aus dem Kopf. Atme ruhig, sprich mit dem ganzen Atemstrom. Lass deine Stimme klingen. Variiere Tempo, Lautstärke und Betonung. Setze Pausen ein, um Spannung zu erzeugen oder Raum zu geben.

Achte darauf, nicht monoton zu sprechen. Selbst die spannendsten Inhalte verlieren an Kraft, wenn sie immer gleich klingen. Nutze deine Stimme bewusst, wie ein Instrument. Sprich mal ruhig und langsam, dann wieder lebendig und bewegend. So entsteht Dynamik. So entsteht Verbindung.

Übrigens: Eine warme, klare Stimme entsteht nicht durch Lautstärke. Sie entsteht durch Entspannung. Wenn du in deinem Körper ankommst, klingt deine Stimme automatisch voller und überzeugender.

Präsenz ist kein Effekt, sie ist Begegnung

Präsent zu sein bedeutet nicht, besonders auffällig zu sein. Es bedeutet, ganz da zu sein. Mit deiner Aufmerksamkeit, deinem Körper, deiner Energie. Präsenz ist spürbar. Sie entsteht, wenn du dich auf dein Publikum einlässt, statt dich mit dir selbst zu beschäftigen. Sie entsteht, wenn du in Kontakt gehst, mit den Menschen vor dir und mit dem, was du sagen willst.

Du brauchst dafür keine besondere Technik. Du brauchst nur Klarheit. Sei offen, sei aufrichtig, sei im Moment. Wenn du dich selbst nicht zurückhältst, wird dein Publikum sich dir zuwenden. Präsenz schafft Vertrauen. Und Vertrauen ist die Grundlage für Wirkung.

Mini-Übung: Deine Wirkung beobachten

Stell dich in einen Raum mit Spiegel oder Kamera. Nimm eine aufrechte Haltung ein. Begrüße dein imaginäres Publikum mit einem einfachen Satz wie:

„Ich freue mich, dass Sie da sind."

Beobachte deine Körperhaltung, deine Mimik, deinen Tonfall. Wirkt das, was du sagst, stimmig? Wenn nicht: Was kannst du verändern? Probiere verschiedene Varianten aus. Mit mehr Ruhe. Mit mehr Klarheit. Mit mehr Freundlichkeit.

Du wirst merken, dass kleine Veränderungen viel bewirken. Und du wirst dein Gespür dafür schärfen, wie du auf andere wirkst, nicht theoretisch, sondern ganz konkret.

Präsenz entsteht durch innere Klarheit

Du brauchst kein großes Theater. Du brauchst keine übertriebene Gestik. Du brauchst keine perfekte Stimme. Was du brauchst, ist Verbindung. Zu dir selbst, zu deinem Thema, zu deinem Publikum.

Dein Körper spricht mit. Deine Stimme wirkt mit. Deine Präsenz entscheidet mit. Wenn du das erkennst, beginnst du, bewusster aufzutreten. Du wirst dich wohler fühlen. Und du wirst von anderen bewusster wahrgenommen.

Zeig dich. Steh zu dir. Und lass deinen ganzen Ausdruck mitschwingen. So wirst du nicht nur gehört, sondern auch gespürt. Und das ist es, was bleibt.

Stimmführung, Pausen und Betonung

Deine Stimme ist weit mehr als ein Transportmittel für Informationen. Sie ist ein Instrument. Und wie bei jedem guten Instrument entscheidet nicht nur das, was gespielt wird, sondern auch wie es klingt. Wenn du deine Stimme bewusst einsetzt, gewinnt dein Vortrag an Tiefe, an Präsenz und an Wirkung. Stimmführung, gezielte Pausen und die passende Betonung machen aus einem Vortrag eine lebendige Erfahrung, für dein Publikum und auch für dich selbst.

Viele Präsentierende unterschätzen die Kraft ihrer Stimme. Sie konzentrieren sich auf den Inhalt, die Folien, die Abläufe und überlassen den Klang ihrer Worte dem Zufall. Doch genau darin liegt oft das größte Potenzial. Denn Menschen erinnern sich nicht nur an das, was gesagt wurde. Sie erinnern sich daran, wie es gesagt wurde. Deine Stimme kann beruhigen, begeistern, bewegen oder ermüden. Sie kann Interesse wecken oder Langeweile verbreiten.

Stimmführung beginnt mit Atemführung

Deine Stimme entsteht nicht im Hals. Sie entsteht durch Atem, Haltung und Bewusstsein. Wenn du flach atmest, wirst du höher, angespannter und weniger stabil sprechen. Wenn du ruhig, tief und gleichmäßig atmest, klingt deine Stimme tragender, klarer und entspannter.

Beginne damit, deine Atmung zu beobachten. Atmest du in den Bauch oder in die Brust? Atmest du hektisch oder ruhig? Eine einfache Atemübung kann Wunder wirken:

Atme vier Sekunden lang ein, halte den Atem kurz und atme dann langsam aus. Spüre, wie dein Körper sich beruhigt und dein Klang sich verändert.

Wenn du ruhig atmest, wird auch deine Stimme ruhiger. Und mit einer ruhigen Stimme wird dein Publikum dir lieber und länger zuhören.

Die Stimme führen: bewusst und klar

Eine klare Stimmführung bedeutet, dass du deine Stimme lenkst, statt dich von ihr leiten zu lassen. Du sprichst nicht einfach, wie es gerade passiert, sondern du entscheidest bewusst, wie du wirken möchtest.

Achte dabei auf dein Sprechtempo. Sprichst du zu schnell, wirkt dein Vortrag gehetzt und schwer verständlich. Sprichst du zu langsam, verlieren die Zuhörenden die Spannung. Ein guter Rhythmus entsteht aus dem Wechsel. Du kannst Passagen betont ruhig sprechen, um Wichtigkeit zu vermitteln. Und du kannst das Tempo anziehen, um Energie aufzubauen.

Auch die Lautstärke ist ein wichtiges Gestaltungsmittel. Sprich nicht durchgehend laut. Sprich auch nicht ständig leise. Variiere. Leise gesprochene Sätze ziehen oft mehr Aufmerksamkeit auf sich als laute. Plötzliche Lautstärke wirkt. Und bewusste Ruhe auch.

Mit deiner Stimmhöhe kannst du ebenso spielen. Tiefe Töne vermitteln Ruhe und Sicherheit. Höhere Töne können Lebendigkeit zeigen. Auch hier gilt: Die Mischung macht's. Wenn du ein Thema spannend findest, darf deine Stimme lebendiger werden. Wenn du etwas Wichtiges erklärst, darf sie ruhiger klingen.

Die Kraft der Pause: Stille wirkt

Viele Präsentierende fürchten sich vor der Pause. Sie glauben, sie müssten lückenlos sprechen, um souverän zu wirken. Doch das Gegenteil ist der Fall.

*Die Pause ist eines der mächtigsten Mittel
in der Kommunikation.*

Sie erzeugt Spannung, gibt Raum zur Reflexion und lenkt den Fokus auf das, was folgt. Pausen geben deinem Publikum Zeit zum Denken. Sie erlauben, Gehörtes einzuordnen. Und sie geben deinen Worten mehr Gewicht. Ein Satz, dem eine Pause folgt, wirkt stärker nach.

Lerne, Pausen bewusst zu setzen. Nach wichtigen Aussagen. Vor neuen Gedanken. Zwischen zwei Beispielen. Eine Pause muss nicht lang sein. Zwei bis vier Sekunden reichen oft schon. Entscheidend ist, dass du sie bewusst gestaltest.

Ein kleiner Trick: Wenn du das Gefühl hast, du solltest weiterreden, bleib einen Moment still. Atme ein. Atme aus. Dann sprich weiter. Du wirst spüren, wie deine Worte an Klarheit gewinnen.

Betonung verändert Bedeutung

Die Art, wie du ein Wort betonst, verändert seine Wirkung. Nimm den Satz: „Ich habe das nie gesagt." Je nachdem, welches Wort du betonst, verändert sich der Sinn:

- *Ich* habe das nie gesagt (niemand anders, aber ich schon)
- Ich *habe* das nie gesagt (es wurde nicht gesagt, vielleicht nur gedacht)
- Ich habe *das* nie gesagt (aber vielleicht etwas anderes)
- Ich habe das *nie* gesagt (niemals, zu keinem Zeitpunkt)
- Ich habe das nie *gesagt* (aber vielleicht geschrieben)

Das zeigt, wie stark Betonung beeinflusst, wie etwas verstanden wird. Nutze diese Wirkung bewusst. Betone Schlüsselworte. Variiere deinen Tonfall. Achte darauf, was du hervorheben willst. Du brauchst keine Theatralik. Nur Aufmerksamkeit und bewusste Gestaltung.

Mini-Übung: Einen Satz lebendig machen

Wähle einen einfachen Satz aus deinem nächsten Vortrag. Zum Beispiel:

„Diese Entscheidung hat große Auswirkungen."

Sprich ihn mehrmals laut aus. Variiere:

- den Tonfall
- das Tempo
- die Lautstärke
- die Betonung einzelner Wörter
- die Länge der Pause danach

Spüre, wie sich die Wirkung verändert. Wiederhole diese Übung mit einem anderen Satz. Du wirst merken, wie viel Gestaltungskraft in deiner Stimme liegt.

Präsenz durch Klang

Deine Stimme ist Teil deiner Präsenz. Sie trägt deine Gedanken, deine Haltung, deine Botschaft. Wenn du sie bewusst führst, wird sie klarer, ruhiger, ausdrucksstärker.

Du musst nicht laut sein, um gehört zu werden. Du musst nicht tief sprechen, um Eindruck zu machen. Was du brauchst, ist Bewusstheit. Und Vertrauen in deine Stimme. Sie gehört zu dir. Sie ist dein Ausdruck. Und sie kann wachsen: durch Übung, durch Achtsamkeit und durch Freude am Sprechen.

Deine Stimme wirkt! Nutze sie bewusst.

Deine Stimme ist ein Geschenk. Sie ist so individuell wie ein Fingerabdruck. Und sie kann weit mehr, als du vielleicht denkst.

Wenn du lernst, deine Stimme zu führen, Pausen gezielt zu setzen und Betonung sinnvoll zu nutzen, wirst du lebendiger und überzeugender sprechen. Du wirst dein

Publikum besser erreichen. Und du wirst dich selbst wohler fühlen beim Präsentieren.

Sprich mit Klarheit.
Sprich mit Haltung.
Und sprich mit Herz.

Dein Publikum wird dir zuhören, nicht nur mit den Ohren, sondern mit allen Sinnen.

Wie du mit Nervosität souverän umgehst

Kaum etwas ist beim Präsentieren so verbreitet wie Lampenfieber. Es betrifft Anfänger ebenso wie Profis. Und das ist kein Zeichen von Schwäche. Im Gegenteil: Lampenfieber zeigt, dass dir etwas wichtig ist. Es ist ein Zeichen dafür, dass du präsent bist. Dass du Verantwortung übernimmst. Und dass du etwas bewegen willst.

Viele Menschen möchten ihr Lampenfieber einfach loswerden. Sie wollen cool, entspannt und unberührt vor der Gruppe stehen. Doch das ist weder realistisch noch hilfreich. Viel hilfreicher ist es, einen gesunden Umgang mit der eigenen Aufregung zu finden. Sie nicht zu bekämpfen, sondern zu nutzen. Denn Nervosität kann Energie freisetzen, Konzentration fördern und Präsenz steigern, wenn du weißt, wie du damit umgehst.

Was in deinem Körper passiert

Wenn du nervös bist, reagiert dein Körper mit einer Stressantwort. Dein Herz schlägt schneller, die Atmung verändert sich, du schwitzt vielleicht oder spürst ein Zittern in den Händen. All das ist eine natürliche Reaktion. Dein Körper bereitet sich auf eine Herausforderung vor. Er aktiviert dich. Und das ist gut so.

Was dich aus dem Gleichgewicht bringt, ist oft nicht die Nervosität selbst, sondern dein Umgang damit. Wenn du dich gegen sie wehrst, wird sie stärker. Wenn du sie akzeptierst, kannst du sie wandeln.

Der erste Schritt besteht also darin, die körperlichen Symptome nicht als Feinde zu sehen, sondern als Zeichen von Lebendigkeit.

Die Gedanken lenken: vom Problem zur Aufgabe

Neben den körperlichen Reaktionen spielt sich beim Lampenfieber sehr viel im Kopf ab. Gedanken wie:

- Was, wenn ich mich verspreche?
- Was, wenn jemand mich auslacht?
- Was, wenn ich eine Frage nicht beantworten kann?

Solche inneren Dialoge erzeugen zusätzlichen Druck. Deshalb ist es wichtig, deine Aufmerksamkeit gezielt zu lenken. Stelle dir stattdessen hilfreiche Fragen:

- Was kann ich meinem Publikum heute mitgeben?
- Worauf freue ich mich bei diesem Auftritt?
- Worin bin ich kompetent?
- Was haben die Zuhörenden davon, dass ich hier bin?

Diese Fragen stärken dein Selbstvertrauen. Sie bringen dich vom Problem zur Aufgabe. Du richtest deinen Fokus nicht auf dich, sondern auf dein Gegenüber. Und genau das hilft dir, aus der Angst in die Verantwortung zu kommen.

Der Körper hilft mit: bewusst atmen, bewusst stehen

Dein Körper ist nicht nur Auslöser deiner Nervosität. Er ist auch der Schlüssel, um wieder in deine Kraft zu kommen. Nimm ihn bewusst wahr. Und nutze einfache Mittel, um dich zu stabilisieren.

Zum Beispiel die Atmung. Atme ruhig durch die Nase ein und länger durch den Mund aus. Lass deinen Atem tief in den Bauch fließen. Schon nach wenigen Atemzügen wirst du merken, wie sich dein System beruhigt.

Auch dein Stand kann dich unterstützen. Stell dich hüftbreit hin, spüre deine Fußsohlen auf dem Boden. Verlagere dein Gewicht leicht nach vorn. Richte dich auf, ohne steif zu sein. Diese Haltung gibt dir inneren Halt, auch wenn dein Herz klopft.

Wenn du dazu noch den Raum bewusst wahrnimmst, deinen Blick hebst und Augenkontakt aufnimmst, wirst du automatisch präsenter. Du nimmst deinen Platz ein. Und das spürt auch dein Publikum.

Der Einstieg zählt: mach dir den Anfang leicht

Die ersten Sekunden sind oft die schwierigsten. Danach wird es meistens besser. Deshalb: Mach dir den Einstieg so einfach wie möglich. Wähle Worte, die dir vertraut sind. Sprich über etwas, das dir leicht fällt. Begrüße dein Publikum mit einem Satz, den du vorher geübt hast. Vielleicht so:

„Ich freue mich, heute hier zu sein und mit Ihnen gemeinsam in das Thema einzutauchen." Oder: „Lassen Sie uns gleich mit einer Frage beginnen, die mich persönlich sehr beschäftigt hat."

Solche Einstiege geben dir Sicherheit. Du kommst in den Fluss. Und du merkst: Ich werde gehört. Ich werde gesehen. Ich darf hier sein.

Sprich mit deinem Lampenfieber: nicht dagegen

Manchmal hilft es, dein Lampenfieber direkt anzusprechen. Nicht unbedingt vor dem Publikum, sondern innerlich. Sag dir selbst:

„Ich bin aufgeregt. Und das ist okay." Oder: „Mein Körper ist wach, weil mir das hier wichtig ist."

Diese innere Haltung verändert deine Beziehung zur Nervosität. Du kämpfst nicht dagegen. Du nimmst sie an. Und genau dadurch verliert sie ihre lähmende Wirkung.

Manche Rednerinnen und Redner sagen ihr Lampenfieber sogar mit einem Lächeln willkommen. Sie begrüßen es wie einen alten Bekannten. Denn sie wissen: Wenn es da ist, dann bin ich ganz da.

Kleine Tricks mit großer Wirkung

Es gibt einfache körperliche Übungen, die dir in stressigen Momenten helfen können. Hier ein paar Beispiele:

- Rolle vor dem Auftritt bewusst deine Schultern. Das löst Spannung.
- Gähne herzhaft. Das entspannt die Kiefermuskulatur und öffnet den Stimmsitz.
- Stell dich für eine halbe Minute in eine sogenannte Kraftpose: aufrecht, Arme leicht geöffnet, Blick geradeaus. Diese Haltung stärkt dein Selbstgefühl.
- Massiere deine Handflächen oder klopfe dir leicht auf den Brustkorb. Beides bringt dich in den Körper und reguliert das Nervensystem.

Solche kleinen Rituale helfen dir, in deiner Mitte zu bleiben, auch wenn der Puls steigt.

Dein Publikum will, dass du erfolgreich bist

Ein häufiger Irrglaube ist: Das Publikum will mich scheitern sehen. In Wirklichkeit ist das Gegenteil der Fall. Die meisten Menschen im Raum wünschen sich, dass du erfolgreich bist. Sie wollen dir folgen. Sie sind interessiert. Und sie sind oft selbst froh, nicht vorn stehen zu müssen.

Wenn du dir das bewusst machst, wirst du ruhiger. Du kämpfst nicht gegen ein feindliches Publikum. Du trittst in Kontakt mit Menschen, die neugierig sind. Und diese Haltung öffnet Türen, in deinem Inneren und im Raum.

Mini-Übung: Dein Mut-Satz

Schreibe dir einen Satz auf, der dich stärkt. Etwas, das du dir sagen kannst, bevor du auftrittst. Zum Beispiel:

„Ich bin vorbereitet und darf mich zeigen." Oder: „Ich vertraue meiner Präsenz und meiner Erfahrung."

Sprich diesen Satz mehrmals laut. Vor dem Spiegel. Im Auto. Vor dem Seminarraum. Mach ihn zu deinem Anker. Er erinnert dich an das, was du kannst, und was du geben willst.

Dein Lampenfieber gehört dazu und darf bleiben!

Lampenfieber ist nicht dein Gegner. Es ist dein Begleiter. Wenn du lernst, damit umzugehen, wird es dich nicht lähmen. Es wird dich lebendiger machen. Und es wird dir zeigen, dass du ganz bei dir bist.

Akzeptiere deine Nervosität. Nimm sie ernst, aber nicht zu ernst. Sprich trotzdem. Zeig dich trotzdem. Geh trotzdem los.

Du wirst sehen: Hinter dem Zittern liegt deine Kraft. Und mit jedem Auftritt wächst dein Vertrauen, nicht nur in deine Inhalte, sondern in dich selbst.

Umgang mit Fragen und Störungen

Du präsentierst. Du bist im Fluss. Du hast dein Thema klar aufgebaut. Und dann passiert es: Jemand meldet sich mit einer Frage. Jemand ruft dazwischen. Jemand schaut demonstrativ auf die Uhr oder fängt an zu tuscheln. Willkommen im echten Leben einer Präsentation.

Solche Situationen sind keine Katastrophen. Sie sind Teil lebendiger Kommunikation. Es wird immer Menschen geben, die etwas nicht verstehen, die anderer Meinung sind oder deren Aufmerksamkeit aus unterschiedlichen Gründen abschweift. Wie du damit umgehst, entscheidet nicht nur über den Verlauf deines Vortrags. Es entscheidet auch über deine Wirkung als präsentierende Persönlichkeit.

Dein Ziel ist nicht, absolute Kontrolle zu behalten. Dein Ziel ist, mit Fragen und Störungen bewusst und konstruktiv umzugehen. Und genau dafür brauchst du innere Klarheit, Flexibilität und ein paar einfache Werkzeuge.

Fragen sind Chancen, keine Bedrohung

Viele Präsentierende haben Angst vor Fragen. Sie fürchten, dass sie etwas nicht wissen könnten oder dass jemand ihnen widerspricht. Doch Fragen sind in Wahrheit ein Zeichen von Interesse. Sie zeigen, dass dein Publikum mitdenkt, dass es sich mit deinem Thema beschäftigt und dass es in einen Dialog treten möchte.

Deshalb: Freu dich über Fragen. Begrüße sie offen. Und nimm sie ernst, auch wenn sie dich herausfordern.

Du kannst dir selbst folgende Haltung aneignen: Ich muss nicht alles wissen, aber ich bin bereit, ehrlich zu antworten. Ich höre zu. Ich nehme wahr. Und ich entscheide, wie ich reagiere.

Wenn du eine Frage nicht beantworten kannst, sag das ruhig. Zum Beispiel:

„Das ist eine gute Frage. Ich habe darauf im Moment keine präzise Antwort, aber ich kümmere mich gern darum und komme später darauf zurück." Oder: „Ich kann dazu eine Einschätzung geben, aber vielleicht gibt es im Raum auch andere Perspektiven."

Solche Reaktionen zeigen Souveränität. Und sie schaffen Vertrauen.

Fragen steuern, Klarheit bewahren

Nicht jede Frage passt zu jedem Zeitpunkt. Manchmal bringt eine Zwischenfrage den Fluss durcheinander oder lenkt zu stark ab. Dann darfst du auch freundlich strukturieren. Zum Beispiel so:

„Ich danke für diese Frage. Ich würde sie gern später im Anschluss aufgreifen, damit wir im Thema bleiben können." Oder: „Das ist ein spannender Aspekt. Wenn es für Sie in Ordnung ist, notiere ich ihn und komme in wenigen Minuten darauf zurück."

Wichtig ist, dass du wertschätzend bleibst. Es geht nicht darum, Fragen abzublocken, sondern sie sinnvoll in den Ablauf zu integrieren.

Manchmal hilft es auch, Fragen bewusst zu bündeln. Du kannst sagen:

„Ich sammle jetzt drei Fragen und beantworte sie dann gemeinsam."

So behältst du den Überblick und verhinderst, dass du zu sehr ins Detail gerätst.

Mit schwierigen Fragen souverän umgehen

Es gibt Fragen, die nicht aus Interesse, sondern aus Skepsis oder Konfrontation heraus gestellt werden. Manche Menschen wollen testen, provozieren oder ihre eigene Meinung durchsetzen. Auch damit wirst du früher oder später konfrontiert sein.

Bleib ruhig. Höre zu. Wiederhole eventuell die Frage in eigenen Worten, um Zeit zu gewinnen. Und dann antworte klar, aber freundlich. Zum Beispiel:

„Ich verstehe Ihre Perspektive. Meine Sichtweise dazu ist folgende …" Oder: „Das ist ein berechtigter Einwand. Ich sehe es aus einem anderen Blickwinkel, und zwar so …"

Vermeide es, dich auf ein Wortgefecht einzulassen. Du bist nicht da, um zu gewinnen. Du bist da, um

Orientierung zu geben. Und genau das tust du am besten mit innerer Ruhe.

Umgang mit Störungen: präsent statt beleidigt

Nicht jede Störung ist böse gemeint. Vielleicht hat jemand einen schlechten Tag. Vielleicht ist jemand unkonzentriert. Vielleicht passiert auch einfach etwas im Raum, das dich unterbricht.

Entscheidend ist, wie du reagierst. Wenn du erschrickst, dich aufregst oder patzig wirst, verlierst du deine Souveränität. Wenn du hingegen präsent bleibst und ruhig reagierst, stärkst du deine Führung. Ein paar Beispiele:

Wenn jemand wiederholt flüstert oder das Handy benutzt: „Ich bitte Sie, die Gespräche für später aufzuheben, damit alle gut folgen können."

Wenn jemand laut seufzt oder sich demonstrativ abwendet: „Gibt es gerade etwas, das Sie irritiert oder beschäftigt?"

Wenn du selbst ins Stocken gerätst, weil etwas Unvorhergesehenes passiert: „Lassen Sie mich einen Moment sammeln, dann mache ich weiter."

Solche kurzen Reaktionen zeigen, dass du die Situation wahrnimmst, aber nicht dramatisierst. Du bleibst in der Verantwortung. Und du zeigst, dass du das Geschehen steuerst.

Provozierende Teilnehmende freundlich einfangen

Manche Menschen unterbrechen, kommentieren alles oder wollen selbst im Mittelpunkt stehen. Auch hier gilt: Bleib freundlich, aber klar. Zum Beispiel: „Ich sehe, dass Sie viel Erfahrung mitbringen. Lassen Sie uns diesen Punkt später gemeinsam vertiefen." Oder: „Ich würde vorschlagen, dass wir nach dem Vortrag noch Raum für Austausch haben. So können wir im Moment beim Thema bleiben."

Dein Ziel ist nicht, jemanden bloßzustellen. Dein Ziel ist, die Gruppe zu schützen und den Rahmen zu wahren. Und das gelingt dir, wenn du ruhig bleibst und dein Gegenüber dennoch ernst nimmst.

Zuhörende aktiv einbinden

Viele Störungen entstehen, wenn das Publikum sich nicht angesprochen fühlt. Deshalb: Binde deine Zuhörenden aktiv ein. Stell Fragen. Bitte um Einschätzungen. Gib kleine Aufgaben oder Denkanstöße. Beispiele:

- „Was denken Sie über diesen Punkt?"
- „Können Sie das aus Ihrer Praxis bestätigen?"
- „Wer von Ihnen hat damit schon Erfahrungen gemacht?"

Solche kleinen Impulse erhöhen die Beteiligung. Und sie reduzieren die Wahrscheinlichkeit, dass Menschen abschalten oder stören.

Mini-Übung: Umgang mit schwierigen Fragen vorbereiten

Überlege dir für dein nächstes Thema drei kritische oder herausfordernde Fragen, die dir begegnen könnten. Formuliere darauf jeweils eine mögliche Antwort, die ehrlich, klar und wertschätzend ist.

Sprich sie laut. Übe sie vor dem Spiegel oder mit einer Kollegin oder einem Kollegen. So wirst du sicherer im Umgang mit genau solchen Situationen.

Fragen und Störungen sind Teil
lebendiger Präsentationen

Wenn du präsentierst, wirst du immer wieder überrascht werden. Und das ist gut so. Es zeigt, dass du nicht in einem leeren Raum sprichst. Du trittst in Beziehung. Du gestaltest Kontakt. Und du wirst herausgefordert.

Nimm Fragen als Chance. Begegne Störungen mit Ruhe. Und bleibe in deiner Verantwortung. Nicht jede Situation ist angenehm. Aber jede Situation ist gestaltbar.

Du musst nicht perfekt reagieren. Du musst nur präsent bleiben. Dann wirst du als glaubwürdig, menschlich und souverän wahrgenommen.

Feedback einholen und nutzen

Du hast deine Präsentation gehalten. Du hast gesprochen, erklärt, vielleicht sogar begeistert. Jetzt ist es vorbei. Oder etwa nicht?

Der Moment nach der Präsentation ist mindestens genauso wichtig wie der Moment davor. Denn jetzt beginnt die Phase des Lernens. Jetzt kannst du besser verstehen, wie du gewirkt hast, was angekommen ist und wo noch Entwicklungspotenzial liegt. Feedback ist dabei dein wertvollstes Werkzeug, wenn du es richtig einholst und nutzt.

Viele Menschen scheuen sich vor Rückmeldungen. Sie haben Angst vor Kritik, fürchten sich vor Unsicherheit oder denken, sie müssten ohnehin alles alleine beurteilen. Doch gerade in der Offenheit für Feedback liegt die Chance auf echte Weiterentwicklung. Nicht, weil du es jemand anderem recht machen sollst, sondern weil du erkennen kannst, wie du wirkst. Und weil du daraus lernen kannst, deinen eigenen Stil weiter zu verfeinern.

Feedback ist kein Urteil, sondern ein Spiegel

Ein Feedback sagt nicht, wer du bist. Es zeigt, wie du auf andere wirkst. Das ist ein riesiger Unterschied. Feedback ist immer subjektiv. Es hängt von der Wahrnehmung, den Erwartungen und dem Kontext deiner Zuhörenden ab. Deshalb: Nimm Feedback nicht persönlich. Nimm es ernst.

Du musst nicht jede Rückmeldung übernehmen. Aber du solltest sie prüfen. Schau dir an, was mehrfach auftaucht. Was dich überrascht. Was dich weiterbringen könnte. Stell dir dabei folgende Fragen:

- Was davon kann ich annehmen?
- Was davon deckt sich mit meinem eigenen Eindruck?
- Was davon fühlt sich nicht stimmig an, und warum?

Du entscheidest, was du daraus machst. Und genau darin liegt deine Stärke.

Feedback bewusst einholen, nicht dem Zufall überlassen!

Oft bekommen Präsentierende kein oder nur oberflächliches Feedback. Aussagen wie „War gut" oder „Hat mir gefallen" sind nett, aber wenig hilfreich. Wenn du wirklich lernen willst, musst du gezielt nachfragen. Am besten schon im Vorfeld.

Bereite dir ein paar klare Fragen vor. Zum Beispiel:

- Was hat dich besonders angesprochen?
- Gab es einen Moment, der dich überrascht oder bewegt hat?
- Was hättest du dir anders gewünscht?
- Wo war ich für dich besonders überzeugend, oder eher unklar?

Du kannst diese Fragen schriftlich oder mündlich stellen. Du kannst sie am Ende der Präsentation auf Karten notieren lassen, sie im persönlichen Gespräch stellen oder sie per E-Mail einholen. Wichtig ist, dass du zeigst: Du willst dich weiterentwickeln und hast den Mut, hinzuhören.

Mit Kritik konstruktiv umgehen

Manche Rückmeldungen treffen einen Nerv. Vielleicht, weil sie einen wunden Punkt berühren. Vielleicht, weil sie nicht respektvoll formuliert sind. Vielleicht, weil sie anders sind, als du es erwartet hast.

In solchen Momenten hilft es, innerlich durchzuatmen. Höre zu. Nimm die Worte auf. Reagiere nicht sofort. Lass sie einen Moment in dir wirken. Du musst nicht zustimmen, aber du darfst verstehen wollen. Wenn dich ein Feedback ärgert, frage dich:

- Was genau triggert mich daran?
- Was davon könnte trotzdem hilfreich sein?
- Welche Information steckt hinter dem Tonfall?

Manchmal liegt in der Kritik eine wichtige Wahrheit, auch wenn sie nicht elegant verpackt ist. Manchmal kannst du sie getrost beiseitelassen. Entscheidend ist, dass du innerlich beweglich bleibst.

Feedback während der Präsentation wahrnehmen

Nicht jedes Feedback kommt am Ende. Vieles zeigt sich während des Vortrags, in Gesichtern, in Körpersprache, in Reaktionen. Achte auf diese nonverbalen Rückmeldungen. Du siehst, wenn Menschen abschalten. Du merkst, wenn jemand besonders interessiert zuhört. Du spürst, ob dein Publikum bei dir ist.

Diese Wahrnehmung ist eine wertvolle Rückmeldung in Echtzeit. Sie hilft dir, dich anzupassen, Pausen einzulegen, ein Beispiel einzufügen oder einen Gedanken zu vertiefen. Du kannst sogar direkt fragen:

- „Wie geht es Ihnen gerade mit dem, was ich sage?"
- „Ist das für Sie nachvollziehbar?"
- „Wer kann sich in dem Punkt wiederfinden?"

So entsteht ein lebendiger Austausch. Und du bekommst ehrliches, unmittelbares Feedback aus dem Raum.

Feedback als Dialog begreifen

Feedback ist kein Einbahnstraßen-Gespräch. Es ist ein Dialog. Wenn dir jemand eine Rückmeldung gibt, kannst du nachfragen. Du kannst dich bedanken. Du kannst sagen, was dir selbst aufgefallen ist. Und du kannst Rückmeldungen spiegeln, wenn du selbst beobachtest, dass jemand besonders reagiert hat.

So entsteht eine Kultur des Miteinanders. Du zeigst, dass du offen bist. Und du zeigst auch, dass du Verantwortung übernimmst, für deine Wirkung und für deinen Lernprozess.

Mini-Übung: Deine persönliche Feedback-Frage

Formuliere eine Frage, die du beim nächsten Mal am Ende deiner Präsentation stellen möchtest. Etwas, das dich wirklich interessiert. Zum Beispiel:

- „Was war für Sie heute die stärkste Aussage?"
- „Wo haben Sie sich als Zuhörende besonders angesprochen gefühlt?"
- „Was könnte ich bei einem nächsten Mal besser machen?"

Sprich diese Frage laut aus. Hör ihr zu. Frag dich: Möchte ich diese Antwort wirklich hören? Wenn ja, dann verwende sie. Und wenn die Antwort kommt, hör gut hin.

Feedback nutzen heißt wachsen

Feedback ist kein Pflichtprogramm. Es ist ein Werkzeug. Und wie bei jedem Werkzeug gilt: Du kannst es liegen lassen, oder du kannst es nutzen. Nicht, weil du dich verbiegen willst, sondern weil du dein Potenzial entfalten willst.

Wenn du Feedback als Einladung siehst, wirst du offener, klarer und wirksamer. Du entwickelst ein feineres Gespür für dein Publikum. Du erkennst Muster. Und du lernst, dich bewusster zu steuern. Eine gute Präsentation ist nie fertig. Sie wächst mit dir. Und Feedback ist der Dünger auf diesem Weg.

Wer Feedback einholt, zeigt Größe.
Wer es annimmt, zeigt Mut.
Und wer daraus lernt, zeigt echte Entwicklung.

Du musst nicht alles perfekt machen. Aber du darfst jeden Auftritt als Lernmoment begreifen. Je offener du für Rückmeldungen wirst, desto schneller wirst du sicherer, klarer und überzeugender auftreten.

Sei neugierig. Sei offen. Und hab den Mut, hinzuhören. Dein Publikum wird es dir zeigen, wie du wirkst, wenn du bereit bist, es wahrzunehmen.

Entwickle deinen persönlichen Stil

Du hast viel gelernt. Du weißt jetzt, wie du dein Publikum analysierst, deine Themen strukturierst, deine Stimme und deinen Körper gezielt einsetzt. Du kennst Methoden zur Visualisierung, kannst souverän auf Fragen reagieren und gehst mit Nervosität bewusst um. Doch am Ende zählt etwas ganz anderes: deine eigene Art, all das zu tun.

Der wichtigste Schritt auf deinem Weg zu erfolgreichen Präsentationen ist die Entwicklung deines persönlichen Stils. Denn so gut alle Techniken auch sind, wenn du dich hinter Methoden versteckst, wirst du nicht glaubwürdig wirken. Erst wenn du deinen eigenen Ausdruck findest, wirst du wirklich wirksam sein.

Dein persönlicher Stil ist wie ein Fingerabdruck: unverwechselbar, lebendig, gewachsen. Er entsteht nicht über Nacht. Er reift mit jeder Präsentation, mit jeder Erfahrung, mit jeder Reflexion. Und er zeigt sich dort, wo Technik und Persönlichkeit sich verbinden.

Was ist eigentlich Stil?

Stil ist nicht nur eine Frage des Geschmacks. Stil ist Haltung in Handlung. Er zeigt sich darin, wie du Inhalte vermittelst, wie du Menschen begegnest, wie du Raum einnimmst, wie du mit Sprache, Bildern und Stille umgehst. Stil bedeutet nicht, besonders originell zu sein. Es bedeutet, stimmig zu sein. Echt. Klar. Erkennbar.

Dein Stil ist dann stark, wenn er zu dir passt. Wenn er dein Anliegen trägt. Wenn er deine Stärken unterstreicht, ohne dich zu überfordern. Er braucht keine Showeffekte, er braucht Bewusstsein.

Du darfst du selbst sein

Viele Menschen glauben, sie müssten auf der Bühne jemand anderes sein. Souveräner. Lustiger. Intellektueller. Oder autoritärer. Doch diese Rollen halten nicht lange. Früher oder später spürt dein Publikum, ob das, was du zeigst, mit dem übereinstimmt, was du bist.

Deshalb: Bleib bei dir. Du musst nicht wie jemand anderes sprechen. Du musst nicht so präsentieren wie dein Vorbild oder wie die perfekte Rednerin in einem Onlinevideo. Du darfst so auftreten, wie du bist: lebendig, echt, mit Ecken und Kanten.

Du darfst leise sein, wenn das zu dir passt. Du darfst humorvoll sein, wenn dir das liegt. Du darfst Geschichten erzählen. Du darfst Fragen stellen. Du darfst auch mal irritieren. Wichtig ist nur, dass du ehrlich bleibst. Denn das spürt man. Und das bleibt.

Beobachte dich und lerne dich kennen

Der Weg zum eigenen Stil beginnt mit der Beobachtung. Achte darauf, wie du sprichst. Welche Worte du gern verwendest. Wie du dich bewegst. Wie du reagierst, wenn du dich wohlfühlst und wenn du nervös bist.

Nimm dich auf. Schau dir Videos deiner Präsentationen an. Nicht, um dich zu kritisieren, sondern um dich besser kennenzulernen. Was wirkt stimmig? Wo wirkst du gezwungen? Wo fühlst du dich lebendig? Welche Momente waren besonders klar oder besonders nah?

Notiere dir, was dir gefällt. Und notiere dir auch, was du verändern möchtest. So wächst dein Stil Schritt für Schritt.

Stärke, was schon da ist

Ein persönlicher Stil entsteht nicht durch das Hinzufügen von möglichst vielen Techniken. Er entsteht oft durch das Weglassen. Lass weg, was dir nicht entspricht. Stärke, was dir entspricht.

Du bist gut im Erzählen? Dann nutze Geschichten bewusst. Du hast eine ruhige Stimme? Dann mach sie zu deiner Kraft. Du bist spontan? Dann arbeite mit dem Moment. Du liebst Struktur? Dann zeig sie.

Je mehr du deine Stärken einsetzt, desto klarer wirst du. Und je klarer du bist, desto überzeugender wirkst du.

Spiel mit Formen, aber bleib bei dir

Ein persönlicher Stil darf sich verändern. Er darf wachsen. Er darf neue Elemente aufnehmen. Deshalb: Experimentiere. Probiere neue Einstiege aus. Nutze andere Bilder. Verwende andere Medien. Finde heraus, was für dich funktioniert.

Und dann kehre immer wieder zurück zu der Frage: Passt das zu mir? Dient das meinem Anliegen? Dient es meinem Publikum? Wenn ja, nimm es auf. Wenn nicht, lass es los.

Authentizität braucht Mut

Es braucht Mut, sich so zu zeigen, wie man ist. Es braucht Mut, auch Unsicherheiten zuzulassen. Es braucht Mut, nicht jedem Trend zu folgen. Aber genau dieser Mut macht den Unterschied.

Denn dein Publikum will keine perfekte Rhetorik. Es will keine Hochglanzfolien. Es will Verbindung. Klarheit. Echtheit. Es will dich erleben. Und genau das passiert, wenn du deinen persönlichen Stil findest und lebst.

Mini-Übung: Mein Stil in drei Worten

Schreib drei Wörter auf, die deinen Präsentationsstil beschreiben sollen oder beschreiben sollen, wie du gern wirken möchtest. Zum Beispiel: ruhig, klar, inspirierend. Oder: lebendig, strukturiert, zugewandt.

Dann frage dich: Welche Mittel, welche Sprache, welche Haltung unterstützen diese drei Worte? Und: Was könntest du noch verändern, damit du dich noch mehr so zeigen kannst?

Wiederhole diese Übung regelmäßig. Du wirst merken: Dein Stil verändert sich mit dir. Und das ist gut so.

Dein Stil ist dein Weg

Dein persönlicher Stil ist nicht das Ziel, er ist der Weg. Er entsteht mit jedem Schritt, mit jeder Erfahrung, mit jeder Präsentation, die du hältst. Du brauchst keine Maske, du brauchst Klarheit und Vertrauen in dich selbst.

Erlaube dir, echt zu sein. Erlaube dir, zu lernen. Erlaube dir, zu wachsen. Und erlaube dir, anders zu sein als andere. Denn genau das macht deinen Stil aus. Er gehört zu dir. Und nur zu dir.

Dein Publikum will dich erleben. Nicht die perfekte Technik. Nicht den perfekten Ablauf. Sondern dich, mit allem, was du bist, was du weißt und was du fühlst.

Also: Geh raus. Zeig dich. Sprich. Und entwickle dich weiter. Mit jedem Auftritt. Mit jeder Rückmeldung. Mit jedem neuen Versuch. Du hast etwas zu sagen. Und du darfst es auf deine Weise tun.